BERNHARD GERL

GOTT UND DER URKNALL

Erkenntnisse
der Wissenschaft
und was der Schöpfer
dagegen
einwenden könnte

BERNHARD GERL

GOTT UND DER URKNALL

Erkenntnisse der Wissenschaft und was der Schöpfer dagegen einwenden könnte

SANKT ULRICH VERLAG GmbH

Für Margarita, Margarita und Helena

Bibliographische Information der Deutschen Bibliothek

Die Deutsche Bibliothek verzeichnet diese Publikation in der Deutschen Nationalbibliographie; detaillierte bibliographische Daten sind im Internet über http://dnb.ddb.de abrufbar.

Titelbild: akg-images
Umschlaggestaltung: uv media werbeagentur
Mediengruppe Sankt Ulrich Verlag, Augsburg
Druck und Bindung: fgb, Freiburger Graphische Betriebe, Freiburg
Printed in Germany
ISBN 978-3-86744-081-3
www.sankt-ulrich-verlag.de

INHALT

DIE BLÜTENINSEL

Es war einmal eine Insel in einem großen Ozean, auf der es viele fruchtbare Felder gab und für deren Bewohner das Meer genügend Fisch zum Leben bot. Sie wurde die „Insel der Blüten" genannt, denn blühende Sträucher schmückten alle freien und ungenützten Ecken des Landes. Und weil das Wetter auf diesem Eiland sich im Laufe eines Jahres kaum änderte, blühten die Sträucher zu jeder Zeit. Die Menschen freuten sich über die Farbenpracht und pflegten die Pflanzen, so gut sie konnten.

Leider kam eines Tages mit einem Schiff ein Mensch auf die Insel, der eine seltene, sehr ansteckende Augenkrankheit hatte. Sie bewirkte, dass die Infizierten keine Farben mehr sehen konnten, alles war nur noch schwarzweiß. Der Fremde blieb nicht lange, doch er hatte bereits einen Inselbewohner angesteckt. Und da es gegen die Krankheit keine Medizin gab, steckten sich schließlich alle Inselbewohner an und konnten seitdem keine Farben mehr erkennen.

Darüber waren sie sehr traurig. Einige waren wütend und wollten alle Blumen und Blütensträucher herausreißen, weil sie ja nun zu nichts mehr nütze waren. Doch andere sagten, nein, es sei doch immer so schön mit den Blumen gewesen, und sie pflegten sie trotzdem weiter. Auch die Kinder steckten sich gleich nach der Geburt bei ihren Eltern an und sa-

hen ihr Leben lang nur schwarzweiß und grau. So vergingen mehrere Generationen.

Die Kinder der Kinder fragten ihre Eltern, warum man denn diese Sträucher so sorgfältig pflege, sie seien doch wertlos und vielleicht sogar schädlich, weil sie anderen Pflanzen, die mehr Nutzen brächten, die Kraft nähmen. Es sei eben eine Tradition, diese Pflanzen zu pflegen, so erklärten ihnen dann die Eltern, und diese Tradition wollten sie fortsetzen, wie es seit jeher gewesen sei.

Wie man weiß, ist die menschliche Natur sehr wandlungsfähig. So kam eines Tages ein Kind zur Welt, das immun gegen diese Augenkrankheit war. Es konnte die Farben sehen und hielt dies für etwas ganz Normales. Doch wenn es zu den Erwachsenen von den Farben sprach, erwiderten die nur, ja ja, es sei schon erstaunlich, welch vielfältige Grauschattierungen die Natur zustande bringe. Das Kind war zuerst sehr hilflos, denn es hatte für all die Farben gar keine Namen, und doch erkannte es, dass es hinter all dem, was die anderen sahen, mehr geben musste, was diese nicht wahrnehmen konnten. Nun muss es lernen, das längst Vergessene neu zu begreifen und zu bezeichnen, und sein Wissen an diejenigen weiterzugeben, deren Sinne dafür geöffnet werden können.

GOTT AUF DEM SCHEITERHAUFEN

Am 23. Oktober im Jahre 4004 vor Christus schuf Gott die Welt, und am 12. Februar 1809 – vor 200 Jahren – schuf er Charles Darwin. Ob er eines von beiden jemals bedauert hat?

> NEIN, HABE ICH NICHT, DENN DARWIN KROCH JA AUS EINEM KLEINEN, WARMEN TEICH!

DEINE Abneigung ist zwar verständlich, doch nach Darwin kroch nur das Leben aus dem kleinen warmen Teich. Er selbst wurde ganz normal als Mensch geboren.

Nicht nur in arabischen Ländern, auch in den USA nehmen Religion und Religiosität einen immer größeren Stellenwert ein. Weil in den USA Kirche und Staat strikt getrennt sind, werden dort inzwischen Schlachten geschlagen: Darf die Evolutionstheorie in der Schule gelehrt werden? Wo sie doch offensichtlich für den Verfall der Sitten, die Massaker an den Schulen und den Fall der Börsenkurse verantwortlich ist! Die meisten Amerikaner glauben noch an das Wort Gottes im wörtlichen Sinn und nicht wenige sogar an obiges Datum der Schöpfung, das James Ussher, ein anglikanischer Bischof von Irland, im Jahre 1650 ausgetüftelt hat.

Kaum ein Deutscher glaubt an Usshers Datum für den Zeitpunkt der Schöpfung; hier halten auch die meisten gläubigen Menschen die Evolution für eine plausible Erklärung der Entstehung und Weiterentwicklung des Lebens, wenn auch mit einem gleichgültigen Achselzucken. Klar, die Dinoknochen sehen wir im Naturkundemuseum, daran gibt es keinen Zweifel, aber ebenso plausibel könnte sein, dass Gott die Entwicklung der Dinosaurier beeinflusst hat. Wer es so sieht, erkennt zwischen naturwissenschaftlichen Erkenntnissen und seiner Gläubigkeit keinen Widerspruch.

Gläubige Menschen stellen auch in unserem Land keineswegs die Minderheit. Nach einer internationalen Sonderstudie der Bertelsmann Stiftung anlässlich des katholischen Weltjugendtags vom 15. bis 20. Juli 2008 bezeichnen sich immerhin 70 Prozent der Bundesbürger als religiös. Zwar halten davon nur etwa zehn Prozent streng am traditionellen christlichen Glauben fest, doch denkt der Rest über religiöse Themen nach, nimmt an Gottesdiensten teil, meditiert oder erlebt auf seine individuelle Weise intensive religiöse Gefühle. Ich werde im Folgenden zeigen, dass ein „göttliches Wesen“ zu dem ein Glaubender heute eine Beziehung aufnehmen kann, unvermeidlich auch die Welt verändert.

„Das ist schrecklich! Das ist finsteres Mittelalter! Das ist quasi Blasphemie gegen die Göttlichkeit der Naturwissenschaft! Kreationismus! Intelligent Design in seiner reinsten Form! Auf den Scheiterhaufen mit ihm!“, werden jetzt so fanatische Religionsverächter wie der britische Biologe Richard Dawkins schreien.

Das ist eine Lüge. Das würde er nie tun.

DU mit DEINER Ehrlichkeit! Na gut, das würde er nie tun. Er würde nie von Göttlichkeit der Wissenschaft sprechen, aber ist er sich nicht allzu sicher, dass er Recht hat? Kennt er in diesen Fragen den Zweifel, wie ihn so manch tiefreligiöser Mensch kennt? Wo das Zweifeln aufhört, da hört auch das Suchen auf, und das Suchen und Fragenstellen ist ein wesentliches Merkmal des (interessierten) Menschen.

„Ein junger Mensch, der Atheist bleiben möchte, sollte seine Lektüre äußerst sorgfältig wählen."
(C. S. Lewis, 1898–1963)

Ich will mit Ihnen in diesem Buch auf die Suche gehen. Die Fragen, die sich dabei stellen, drehen sich alle um das Verhältnis der Naturwissenschaft zum Glauben. Wer von beiden kann uns die Welt erklären? Was suchen wir eigentlich? Was ist denn die Wahrheit in den Antworten? Welche Rolle spielen dabei Bilder?

UND GLEICHNISSE!

Ja, und Gleichungen, denn sie sind die Gleichnisse der Physiker.

Ich will hier etwas abgewandelt auch Dawkins aus seinem Buch *Der Gotteswahn* zitieren: „Dieses Buch will bewusstseinsbildend wirken – unser Bewusstsein schärfen, dass *zu glauben* [in Dawkins Buch steht „ein Atheist zu sein"] ein ... tapferes, großartiges Ziel ist. Man kann als Gläubiger [Atheist] glücklich, ausgeglichen, moralisch und geistig ausgefüllt" und gleichzeitig an Naturwissenschaften interessiert sein. Wenn Sie mein Buch als Atheist zur Hand genommen haben, werden Sie es sicherlich nicht als religiöser Menschen zuschlagen, aber vielleicht verstehen, dass es gute Gründe für Menschen gibt, die zu ihrem Glauben gefunden haben, dem Absolutheitsanspruch mancher Wissenschaftler mit Vorsicht zu begegnen und ihren eigenen Empfindungen zu trauen.

Dieses Buch soll nicht ausschließlich vermittelnd wirken, denn der Feldzug, den einige Naturwissenschaftler heute gegen die Religion führen, hat seine guten Gründe. Doch viele haben sich noch nicht entschieden, auf welcher Seite sie stehen. Ich hoffe jedoch, dass diejenigen, die zu ihrem Glauben stehen, nach dem Lesen des Buches auf Angriffe mit mehr als einem Schulterzucken und einem „Jedem das Seine" parieren können. Den Wissenschaftlern möchte ich ihren Entdeckerdrang und ihre lebendige Neugier nicht nehmen. Doch wer nur sie auf das Podest hebt, wird beim Lesen dieses Buches vielleicht einsehen müssen, dass es da oben auf allen Seiten steil nach unten geht.

„Feindschaft sei zwischen euch [Naturwissenschaftlern und Transzendentalphilosophen], noch kommt das Bündnis zu frühe. Wenn ihr im Suchen euch trennt, wird erst die Wahrheit erkannt."
(Friedrich Schiller, 1759–1805)

Sie werden in diesem Buch mehr naturwissenschaftliche als theologische Überlegungen finden. Das liegt einfach daran, dass ich Physiker und Wissenschaftsautor bin, zwar gläubig, aber eben kein Theologe. Außerdem drückt sich mein Co-Autor oft etwas unklar und mehrdeutig aus, sodass er mir hier kaum eine Hilfe sein kann.

Ja, ich weiss, das passt euch Rationalisten nicht. Hört einfach genauer hin, dann versteht ihr mich schon richtig.

Ach ja, apropos Co-Autor: Sie haben es an den nach rechts verschobenen Einwürfen schon gemerkt; ich schreibe dieses Buch nicht allein. Das liegt daran, dass ich einfach ab und zu jemanden brauche, der Inspiration für mich ist, der mir Kraft und auch einmal einen kräftigen Tritt gibt. Außerdem möchte ich auch, dass Ihnen als Leser immer bewusst ist, dass seine Anwesenheit für mich und dieses Buch ein grundlegender Ausgangspunkt ist. Sie werden ihn erst später noch etwas genauer kennenlernen, denn an der PC-Tastatur sitze ich ...

Manchmal benutze ich das Wort „ich". Das ist für einen Wissenschaftsjournalisten sehr ungewohnt, denn in Fachartikeln hat das „ich" nichts zu suchen. „Du schreibst einen Beitrag über Displays", heißt es dann aus der Redaktion, „kein Feature über den Besuch eines Labors!" Trotzdem! Für Sie, den Leser, soll dieses unscheinbare Wörtchen ein Leuchtfeuer sein, eine Warnung: Hier schreibt jemand kein weiteres Evangelium wie die vier in der Bibel oder die der naturwissenschaftlichen Inquisition, sondern einen Text, der Sie selbst zum Überdenken alter Zöpfe anregen soll. Ich wünsche Ihnen viel Spaß dabei!

WOVON REDEN WIR DENN EIGENTLICH?

Dieses Buch soll Menschen ansprechen, die an Naturwissenschaft und gleichzeitig Religion Interesse haben (oder eines von beiden ablehnen). Doch Tante Gisela hat sicherlich eine andere Vorstellung von „Naturwissenschaft" als sie Albert Einstein hatte. Papst Benedikt, der Dalai Lama, Richard Dawkins und ich denken an eher unterschiedliche Dinge, wenn von „Gott" die Rede ist. Es fällt mir aber relativ leicht, für mein Buch festzulegen, was ich jeweils meine, denn ich selbst bin Naturwissenschaftler – genauer Diplom-Physiker –, meine Frau ist Mathematikerin, und Gott ist …

Was ist Gott?

Die Eigenschaften Gottes

Das mit Gott ist auch kein Problem, zumindest nicht für dieses Buch, denn er sitzt hier mit mir vor der Tastatur und kann sich selber vorstellen – Sie haben es ja wohl schon gemerkt, wer mein Co-Autor ist, oder nicht?

Also, wer bist Du denn?

Ein alter Mann mit grauem Bart, der auf einer Wolke sitzt und darauf aufpasst, dass die Menschen nur das tun, was in der Bibel steht.

Dass Gott Humor haben muss – und zwar eine ganze Menge –, fand ich schon immer (sonst hätte ich ihn auch gar nicht mitschreiben lassen). Das soll uns aber bei den Betrachtungen über ihn nicht weiter interessieren. Dennoch, das Bild vom alten Mann mit grauem Bart ist nicht nur witzig. Wir haben vielleicht das Gemälde Michelangelos in der Sixtinischen Kapelle im Sinn, in dem Gott seine Hand nach der Adams ausstreckt – Sie sehen es auch auf dem Umschlagbild.

Sich Gott als körperlich manifestiertes Wesen an einem bestimmten Ort vorzustellen, da stimme ich mit allen Religionskritikern überein, ist nichts weiter als lächerlich. Andererseits können sich wohl viele von denen, die nur das objektiv Bestimmbare anerkennen, gar nichts anderes vorstellen. Die meisten unserer Sinne erfassen nur das Greifbare, all das, was in den verschiedenen Sinneszellen eine chemische Reaktion auslösen kann. Für alle Menschen, für die nur das Quantitative zählt, liegt der Gedanke an etwas Immaterielles fern, jenseits ihrer eigenen Gedankenwelt. Andererseits kann sich unser Pfarrer vermutlich nicht vorstellen, wie die Wechselwirkung zwischen geladenen Teilchen durch Austausch von Photonen funktionieren soll; nur käme er nie auf die Idee, das Materielle zu leugnen.

Neben all dem Körperlichen finde ich im Bild des alten Mannes auch die Idee, dass Gott die Menschen nach seinem Abbild geschaffen habe. „Wenn die Pferde Götter hätten, sähen sie wie Pferde aus", soll der griechische Philosoph Xenophanes von Kolophon einmal gesagt haben. Wer nicht glaubt, dass er wie ein Gott aussieht, würde dem Menschen vielleicht wenigstens einige der Eigenschaften Gottes zuordnen, z. B. dass er zwischen gut und böse unterscheiden und sich dafür oder dagegen entscheiden kann; oder dass er frei ist. Ich denke, dass sich jeder, der sich für den Glauben an Gott entschieden hat, irgendwann mit der Frage, inwieweit er sich für ein Abbild Gottes hält, auseinandersetzt, auseinandersetzen muss. Wie göttlich der Mensch selbst ist, soll aber nicht Thema dieses Buches sein.

Die Äthiopier behaupten, ihre Götter seien stumpfnasig und schwarz, die Thraker, blauäugig und rothaarig. Wenn aber die Rinder und Pferde und Löwen Hände hätten und mit diesen Händen malen könnten und Bildwerke schaffen wie Menschen, so würden die Pferde die Götter abbilden und malen in der Gestalt von Pferden, die Rinder mit der Figur von Rindern. Sie würden solche Statuen meißeln, die ihrer eigenen Körpergestalt entsprechen. (Xenophanes von Kolophon, 570–470 v. Chr.)

Im Satz meines Co-Autors steckt auch, dass alle Aussagen der Bibel für unseren Glauben wichtig sein sollen. Offensichtlich wird auch dieser Gedanke von Religionskritikern gerne aufgegriffen, nicht zuletzt, weil die Bibel in sich so unstimmig zu sein scheint, dass volkstümliche Religionskritiker sich einen Spaß daraus machen, lange Listen mit „Widersprüchen" aufzumalen. Als Beleg möchte ich nicht auf die „großen" Atheismus-Feldherrn zurückgreifen, sondern das Beispiel eines Mannes anführen, der unser Nachbar sein könnte und wie vermutlich viele denkt. So schreibt zum Beispiel auf der Internetseite Amazon ein

Willst du aber leibeigene Knechte und Mägde haben, so sollst du sie kaufen von den Heiden, die um euch her sind, und auch von den Kindern der Gäste, die Fremdlinge unter euch sind, und von ihren Nachkommen, die sie bei euch in eurem Land zeugen; dieselben mögt ihr zu eigen haben und sollt sie besitzen und eure Kinder nach euch zum Eigentum für und für; die sollt ihr leibeigene Knechte sein lassen. (Lev 25, 44–46)

Tobi Grimm aus Nordrhein-Westfalen zum Buch *Der Atheismus-Wahn* den amüsanten Kommentar:

„Entweder man glaubt an die Bibel oder nicht, ist es nicht so? Oder man betreibt nach willkürlichen Gesichtspunkten ‚Bibelpicking' und sucht sich die (in die eigene Sichtweise) passenden Stellen heraus. Das entspricht dann aber nicht mehr dem christlichen Glauben."

Tja, „oje" kann man da nur sagen! Für wie dumm halten diejenigen, die nicht an Gott glauben, uns, die wir an Gott glauben? Meint Tobi also, ein echter Christ müsse jedes Wort der Bibel „wörtlich nehmen" – wenn das überhaupt möglich wäre? Gerade die katholische Kirche vertritt keineswegs die Ansicht, dass Gott „das Wort Gottes" den Autoren Wort für Wort diktiert hat.

Du lässt es dir ja auch nicht diktieren. Ich darf nur Einwürfe machen!

Ja, und dabei spreche ich die Sprache der heutigen Zeit, halte mich – weitgehend – an literarische Formen, und jeder erkennt sofort, wann ich etwas als Bild gebrauche und wann nicht. Den meisten Christen ist klar, dass ein Lied, wie das von der Schöpfung, kein historisch zu verstehender Text ist. Das mindert nicht seine Bedeutung. Und nicht jede Geschichte ist Geschichtsschreibung, sondern oft ein Gleichnis. Auch Begriffe ändern sich. Man denke nur an die Bedeutung des Wortes „dein Nächster", das Jesus und die frühen Christen aus dem Kontext des Mitmenschen aus dem jüdischen Volk auf alle Menschen ausgedehnt haben. Überhaupt lesen Christen die Bibel heute durch die Brille des Neuen Testaments. Es ist der letzte moralische Maßstab. Der fundamentalistische Vorwurf „Bibelpicking" trifft deshalb oft keine willkürliche „Steinbruchexegese", sondern gerade eine Interpretation, die einer intensiven Beschäftigung mit diesem Buch entstammt, dessen Inhalte für die meisten Gläubigen von Gott inspiriert sind und entsprechend respektvoll behandelt werden. Für einen Naturwissenschaftler ist das schwer nachzuvollziehen, denn ein Lehrbuch über Quantenfeldtheorie benötigt natürlich in den seltensten Fällen eine persönliche inhaltliche Auseinandersetzung, auch wenn es dort genug zum Nachdenken gibt, damit man es überhaupt versteht.

Ich gebe zu, die Vorstellung von Gott fordert uns einiges ab. Ich möchte mich auf möglichst wenig beschränken und nur einige Eigenschaften nennen, die ein göttliches Wesen meines Erachtens haben muss. Ich denke, dass ich diese Liste so knapp halten kann, dass ihr nicht nur Anhänger der monotheistischen Religionen, sondern selbst einige Naturvölker zustimmen können. Sie lesen folglich kein Buch, das nur Christen anspricht – wenn auch mein eigenes Denken natürlich unvermeidlich vom Christentum geprägt ist.

Also, ein alter Mann bist Du nicht, was denn dann?

Ich bin der ich bin da.

Das hast Du schon einmal gesagt, im Alten Testament. Heißt es genau übersetzt nicht sogar: „Ich bin der, als der ich mich erweisen werde"? Das heißt, wir werden noch viel von Dir erfahren. Doch bleiben wir bei dem „Ich bin da". Vermutlich ist das einer der wesentlichsten Punkte, denn ein Gott, der sich für nichts interessiert, der zwar existiert, aber keinen Anteil nimmt, ist kaum vorstellbar. Für uns Christen geht das soweit, dass wir glauben, Gott liebe uns so sehr, dass er für uns Mensch geworden ist. Und auch für alle anderen monotheistischen Religionen ist Gott omnipräsent.

„Das Reich Gottes kommt nicht so, dass man es an äußeren Zeichen erkennen könnte … Das Reich Gottes ist schon mitten unter euch." (Lukas 17, 20–21)

Wenn Jesus sagt, das Reich Gottes sei nahe, ist das – in meiner eigenen Interpretation – durchaus auch ein Hinweis darauf, dass Gott uns jetzt und hier nahe ist und zwar immer und überall und jedem von uns. Oder, was denkst Du?

Jetzt legst du die Bibel aus! Lass das besser!

Na gut, also, was bist Du denn noch?

Wer, ich?

Sie hören es! Gott ist ein „Ich" mit einem eigenen Bewusstsein, mit einem eignen – wenn man so sagen kann – Willen, eigenen Absichten und Plänen. Viele, gerade naturwissenschaftlich gebildete Menschen, akzeptieren gerade noch so etwas wie ein *göttliches Prinzip* hinter der Schöpfung, das die Entwicklung von ihrem Ausgangspunkt her gesteuert hat. Eine Art Schöpfer, der für den Anfang verantwortlich ist, aber jetzt nicht mehr eingreift. Theologen nennen das „Deismus".

Doch ist das etwas zu wenig, denn es macht Gott letztlich zu einer Formel, die dafür sorgt, dass alle Äpfel zu Boden fallen. Gott muss als ein sich seiner selbst bewusstes Wesen angesehen werden, das für uns auch zu einem „Du" werden kann, eines, das für uns auf eine bestimmte Art zugänglich und für uns ansprechbar ist. Dies hängt natürlich ganz eng damit zusammen, dass es immer und überall da ist. Gott ist mehr als ein Naturgesetz, mehr als etwas, das die Äpfel zum Fallen bringt.

Nicht nur, aber –

Aber, ja genau, aber es hat einen wie auch immer gearteten Einfluss auf die Welt. Gott hat eine Wirkung. Dieses Thema werden wir im Kapitel „Glaubenskrieg" (S. 97) umfassend behandeln. Es soll in diesem Buch bewusst darauf verzichtet werden, ihn für jede Bewegung im Universum verantwortlich zu machen. Meines Erachtens läuft man schnell Gefahr, ihn damit zur willenlosen Formel zu degradieren, so wie

„Ich benutze den Begriff Gott lieber als Verkörperung der physikalischen Gesetze" *(Stephen Hawking, geb. 1942)*

mancher Naturwissenschaftler, wie erwähnt, bereitwillig sagen würde, dass Gott für ihn das Zusammenspiel aller Naturgesetze sei.

Ich persönlich glaube eher das Gegenteil: Gott ist kein Marionettenspieler. Ich bin von der Freiheit des Menschen überzeugt! Der Mensch entscheidet frei, was er tut. Er kann zu Gottes „Du" ein Verhältnis aufbauen oder es lassen. Gott kann ihn rufen, doch der Mensch kann es hören oder es bleiben lassen. Für mich liegt in dieser Freiheit der Grund für gut und böse. Wenn Gott deine Hand zurückhielte, wenn du deine Kinder schlagen willst, würdest du zu seiner Marionette.

IST JA GUT! IST JA GUT! WIR HABEN VERSTANDEN! WAS DENN NOCH?

Ich wollte nur noch sagen, dass Gott eine Wirkung auf der Welt erzielt, ganz gleich, ob man ihn sich nun in der Weise allmächtig vorstellt, dass er selber die Wolken verschwinden lassen kann, weil wir um schönes Wetter beten, oder so, dass er Einfluss auf unser Denken nehmen kann, um die, die auf ihn hören, von falschen Taten abzubringen – falls er das will –, beides verändert die materielle Welt. Auch auf diese Frage wird später noch genauer eingegangen.

Mit der Aussage, Gott nehme direkt Einfluss auf die *materielle* Welt, halte ich mich bewusst zurück. Es hat ja den Anschein, als ginge der große Streit zwischen Naturwissenschaft und Religion um die Frage, ob der Kosmos von Gott geschaffen wurde oder ob sein Ursprung mit naturwissenschaftlichen Methoden erklärt werden kann. Mir aber scheint von grundlegenderer Bedeutung zu sein, dass ein transzendentes Wesen grundsätzlich auf die materielle Welt wirkt. Meines Erachtens ist es eine seiner wichtigsten Eigenschaften.

Kannst du das nachweisen?

Nein, mit naturwissenschaftlichen Methoden kann ich das nicht nachweisen, aber nicht, weil es die materielle Wirkung nicht gibt, sondern weil die materielle Wirkung durch ein gestelltes, reproduzierbares Experiment – und das fordern Naturwissenschaftler nun mal – nicht nachweisbar ist. Es gab in den USA Untersuchungen, in denen schwerkranke Menschen, für die Dritte Bittgebete gesprochen haben, eher wieder gesund wurden, als solche, für die niemand ein Gebet sprach. Die Abweichungen von zufälligen Streuungen waren zwar nicht überwältigend, doch wurden Sie allgemein als signifikant anerkannt. Ich persönlich glaube nicht, dass diese Daten überzeugend sind, denn Gott wird es nicht zulassen, dass seine „Wunder“ messbar werden.

„Wer nicht an Wunder glaubt, ist kein Realist.“ (Ben Gurion, 1886–1973)

Ein Gott, der sich „auf die Waage stellt“, erscheint mir absurd. Für die Theologen ist dabei der Gedanke wichtig, dass Gott nach Ihrer Definition größer als der Mensch und damit für den Menschen nicht fassbar ist. Ein verstehbarer, messbarer Gott kann demnach kein Gott sein. Ich möchte allerdings darauf verzichten, diese zusätzliche Eigenschaft hier einzuführen.

Du glaubst also, dass du mich verstehen kannst.

Nein, das glaube ich durchaus nicht. Ich persönlich bin durchaus der Meinung, dass Du immer ein Stück weit ein Geheimnis für uns bleiben wirst, und das ist auch gut so, doch ich möchte diese Eigenschaft der Unfassbarkeit, des Größer-Seins-als-alles-andere einfach im Folgenden nicht benutzen. Jeder kann darüber denken, was er möchte, er wird es im Rest des Buches nicht benötigen.

Mir persönlich ist der Gedanke wichtiger, dass ein naturwissenschaftlich nachgewiesener Gott den Menschen ein Stück der Freiheit nehmen würde, sich für oder gegen ihn zu entscheiden und damit uns Menschen wieder zu seiner Marionette machen würde, weil jede moralische Entscheidung dann nicht mehr individuell vom einzelnen Menschen gefällt wird, sondern einmal global durch das göttliche Wesen vorgegeben würde. Dass Gott nicht messbar ist, ist für mich eine seiner wesentlichsten Eigenschaften. Eine körperliche, materielle Existenz Gottes ist damit ausgeschlossen.

Das ist aber unfair!

Ja, das stimmt schon, denn jemand, der nur an die Werkzeuge der Naturwissenschaften glaubt, kann sich zum Thema Gott gar nicht mehr äußern oder sich auf den Standpunkt stellen: Was man nicht messen kann, das gibt es auch nicht.

Er hat sich ja noch selber.

Und was ist dieses „Selbst"? In vielen Geisteswissenschaften ist das „Selbst" und das „Selbst-Bewusstsein" ein großes, vieldiskutiertes Thema. Haben Affen ein Selbst? Malt man unbemerkt Schimpansen einen weißen Fleck auf die Stirn und stellt sie dann vor einen Spiegel, so versuchen sie, diesen Fleck wegzuwischen. Das ist der Beweis, sagen die Wissenschaftler, die Schimpansen haben ein Selbst-Bewusstsein. Aber es geht auch anders: Besprüht man eine Puppe mit dem Duft eines spezifischen Menschen und stellt diese Puppe dann direkt vor die Nase dieses Menschen, so gibt er keinerlei Zeichen des Wiedererkennens von sich. Das ist der Beweis, sagen die Hunde, Menschen haben kein Selbst-Bewusstsein, denn sie bringen eines ihrer wesentlichsten Merkmale nicht mit sich selbst in Beziehung!

Wenn wir unser Selbst an physischen Überlegungen festmachen, kommen wir immer in Schwierigkeiten. Ich denke, jeder muss für sich entscheiden, wie er seine Chancen sieht, ein eigenes Selbst zu haben. Sind wir nur ein Körper aus Atomen, dann steht es meines Erachtens auch schlecht um unsere Freiheit, um die Möglichkeit Entscheidungen zu treffen, die nicht durch unsere Umgebung oder unsere Vergangenheit von vorneherein festgelegt sind. Ein ausschließlich körperliches System

Der Lehm war in dem Augenblick zum Menschen geworden, in dem ein Wesen erstmals den Gedanken Gott zu bilden vermochte. Das erste Du, das – wie stammelnd auch immer – von Menschenmund zu Gott gesagt wurde, bezeichnet den Augenblick, in dem der Geist aufgestanden war in der Welt.
(Joseph Ratzinger, 1969)

ist meines Erachtens deterministisch festgelegt, und sein Verhalten könnte von einem großen Supercomputer vorausberechnet werden. Die Quantenmechanik öffnet hier zwar die Tür zu einer gewissen „Unschärfe" und „Nichtdeterminiertheit", weil sie annimmt, dass Atome wesentliche Eigenschaften, wie ihre Energie oder ihren Aufenthaltsort, nur mit einer bestimmten Wahrscheinlichkeit annehmen, doch was hilft es unserer Freiheit, wenn sie vom „Zufall determiniert" wird? Wenn ein zufälliges Ereignis dazu führt, dass ich einen Gedanken fasse oder eine Entscheidung treffe, ist das dann die Freiheit, die wir als „unser Selbst" akzeptieren möchten?

Meiner Ansicht nach hat das „Selbst" eine außerkörperliche Komponente, nennen wir diese ruhig *Seele,* die ein wesentlicher Teil von uns ist. Diese Seele ist genauso wenig messbar wie Gott, hat aber sicherlich genauso Einfluss auf die Welt, zumindest auf uns in unserer Form als körperlich manifestierte Menschen und verleiht uns damit die Freiheit, uns für oder gegen etwas zu entscheiden. Wenn dem so ist, dann hat diese Seele sicher auch eine Verbindung zu Gott, vielleicht ist sie sogar die einzige Verbindung von Gott zur Welt; wer weiß?

Soll ich es dir sagen?

Nein, lass das lieber! Vielleicht verstehe ich es ja falsch. Ich will lieber noch einmal alle Eigenschaften des Gottesbildes, das ich für dieses Buch verwenden möchte, kurz zusammenfassen. *Gott ist da. Er hat ein Ich, das für uns zu einem Du werden kann. Er hat Einfluss auf die Welt, ist aber nicht mit naturwissenschaftlichen Methoden messbar. Wir selbst haben eine Seele, die uns ausmacht und die eine Verbindung zu Gott darstellt.*

UND WEITER? WAS BIN ICH DENN NOCH FÜR DICH? DAS WAR INTERESSANT. STELL DIR VOR, JEMAND REDET SO ÜBER DICH!

Mehr kommt nicht, denn für dieses Buch reicht das. Ich will damit nicht sagen, dass man keine genauere Vorstellung von DIR haben kann, darf oder muss nur dass ich im Folgenden nichts weiter als diese Eigenschaften benutzen möchte. Jetzt werde ich nur noch einige Gedanken vorstellen, wie ich DICH denn erfahren kann, wenn schon nicht über Messungen.

Wie erfahre ich Gott?

Ich erinnere mich genau: für mich als kleines Kind in einer religiös eher indifferenten Familie war Weihnachten das erste, wodurch ich mit der christlichen Religion in Kontakt kam. Das Christkind in der Krippe (bei uns war es auch das Christkind, das die Geschenke brachte), die Engelchen, die ihre Lieder sangen. Vielleicht geht es vielen ähnlich. Es gibt kaum Menschen, die „das Fest der Liebe“ nicht auf irgendeine Art feiern.

VORSICHT! ES GIBT LEUTE, DIE WEIHNACHTEN NICHT MÖGEN!

Du hast Recht, und sie werden ihre Gründe dafür haben. Aber ich sage trotzdem: Auch sie sind eingebettet in eine religiöse Tradition und können ihr nicht entkommen. Unsere gesamte gesellschaftliche Umgebung baut auf religiösem Brauchtum auf, das gilt nicht nur für die religiösen Feste, sondern für unser gesamtes Denken. Marx hätte sich vermutlich ohne das sozialrevolutionäre Potential Jesu nicht um das Befinden der arbeitenden Bevölkerung geschert. Und wo gäbe es ohne Religion und die Freiheit, eigene Entscheidungen zu fällen, eine Grundlage für unser Rechtssystem? Warum soll ich nicht lügen, stehlen und morden ohne die Zehn Gebote oder die in vielen Religionen geltende Goldene Regel: „Was du nicht willst, das man dir tut ...", wenn das Recht des Stärkeren oder auch nur des Gerisseneren das relevante evolutionäre Prinzip ist oder wenn meine Persönlichkeit von meiner materiellen Umgebung determiniert ist?

Das alles soll heißen: Die religiöse Tradition bestimmt zum Teil über unser Leben, weil unsere Kultur jüdisch-christlich ist. Doch nehmen wir durch sie denn wirklich Gott wahr?

Wenn du daran glaubst.

Für die katholische Kirche ist die Tradition maßgeblich für die Auslegung der Bibel, der Offenbarung Gottes. Viele Strukturen, die es in der katholischen Kirche gibt, sind, bei aller Begründung letztlich legitim so, weil für die Kirche der Heilige Geist im Spiel ist, wenn sie verbindlich die Bibel auslegt und den Glauben formuliert. Deshalb stellt sich die katholische Kirche auf den Standpunkt, es sei richtig, dass es einen Papst und keine Frauen in verantwortlichen Positionen, keine verheirateten Priester und keine Demokratie in der Kirche gibt. Christus hat hierzu keine direkten, wortwörtlichen Vorschriften hinterlassen, aber Gott, der in der Geschichte der Kirche beisteht, habe das alles so gewollt. Das ist Tradition im katholischen Sinn.

Viele moderne, demokratisch denkende Menschen halten das für Tricks, mit denen Menschen – Männer –, die in bestehenden Strukturen an der Macht sind, sich die Macht erhalten wollen. Sie hoffen auf demokratische Veränderung und eine weitergehende Öffnung für Frauen.

Und warum sollte das passieren?

Weil der Gedanke, dass Du auch in ihrem Sinne wirkst, für sie eine elementare Bedeutung hat. Ich habe oben geschrieben:

Gott ist da, er hat ein Ich, das für uns zu einem Du werden kann. Er hat Einfluss auf die Welt, ist aber nicht mit naturwissenschaftlichen Methoden messbar.

Ich bin sicher, dass Du kein Marionettenspieler bist und trotzdem prägenden Einfluss auf die Welt und auf die Gesellschaft hast. So ist in all dieser Tradition die Spur Deines Willens zu sehen. Diese Tradition ist natürlich eingebettet in ein gläubiges Umfeld, das mehr und mehr zurückweicht, und für den Einzelnen und die Gemeinschaft ist es ziemlich schwierig, zu erkennen, wo und in welche Richtung Gott will und wohin nicht. Ich denke, wir können ruhigen Gewissens Weihnachten feiern, die katholische Ablehnung von Priesterinnen für falsch oder richtig halten und an den Lebkuchen im Supermarkt einfach bis Ende November vorbeigehen.

So finden also die Menschen durch Weihnachten zu mir?

Vielleicht, nur mag das für die wenigsten gelten. Viel größeren Einfluss haben wohl andere Menschen. Das fängt natürlich bei den Eltern an. Wie wird Weihnachten mit Kindern gefeiert? Als religiöses Fest oder als Geschenkeorgie? Kinder spüren genau, was Eltern denken, und übernehmen bis zu einem gewissen Alter sehr schnell ihre Einstellung. In vielen Familien gibt es wohl nicht mehr wirklich den „gelebten Glauben“ mit Tischgebet und sonntäglichem Kirchgang, doch (das ist wohl in der Religion oft so) in Krisenzeiten und um Antwort auf existenzielle Fragen zu bekommen, greifen Mama und Papa doch gerne wieder auf den lieben Gott zurück.

„Mama, wo ist Oma denn jetzt?“

„Die ist gestorben.“

„Und wo ist die jetzt?“

„Die ist jetzt im Himmel und schaut zu dir herunter.“

Die Atheismuspropheten würden wahrscheinlich antworten:

„Na, die ist nirgends mehr. Die vermodert jetzt in ihrem Grab und wird von den Würmern gefressen. So ist das nun einmal. Willst du ein Eis?“

Du übertreibst!

Ja, sicherlich ein wenig, aber was sollen sie anderes sagen, denn Konsequenz ist ja das A und O jeder Erziehung. Immerhin empfindet es mancher Mensch bestimmt als Trost, wenn die Oma in seiner Erinnerung weiterlebt, er in den Arm genommen wird, seine Trauer formulieren kann und notfalls (durch ein Eis) abgelenkt wird. Wer wird auch behaupten können, es spreche für die Existenz Gottes, wenn wir nur bei Grenzerfahrungen auf ihn zurückgreifen? Dass Religion Trost spendet, ist sicherlich kein Gottesbeweis. Und vielleicht reduzieren sogar zu viele die Religion auf den Aspekt des Trostes.

„Wenn Gott den Menschen misst, dann legt er das Maßband nicht um den Kopf, sondern um das Herz.“
(Irisches Sprichwort)

Wer nicht durch sein Elternhaus religiös erzogen wurde, kann immer noch durch andere Menschen zu Gott finden. Und wieder sind es die Krisensituationen, die Zeiten des Wechsels und der Umbrüche in unserem Leben, in denen plötzlich Menschen auftauchen, die einen Vertrauensvorschuss bei uns haben und Religiosität als Lösung anbieten; dem Teenager, der neue Freunde bei den Pfadfindern findet, dem Kranken, um den sich Caritasmitarbeiter bemühen, der von ihren Kindern verlassenen Mutter, die anfängt, im Kirchenchor zu singen. Manchmal ist es vielleicht nur ein neuer Bekannter, der ganz offensichtlich ein von christlichen Grundsätzen und der Nächstenliebe bestimmtes Leben führt und den man neugierig fragt, wie er denn dazu komme.

Es ist ganz offensichtlich, dass Religion kaum so weit verbreitet wäre, gäbe es nicht so viele andere Menschen, die irgendwie religiös sind und die uns von ihrem Glauben erzählen.

Dann bin ich also nicht mehr als der Held einer Geschichtensammlung?

Behaupte ich nicht! Stellen Sie sich vor, man würde bei zwei Menschen, einem Mann und einer Frau, das Gedächtnis an jede Religion, nicht aber an all die technischen Errungenschaften unserer Zivilisation löschen und sie auf einem fremden Planeten aussetzen. Würde sich bei den beiden oder den nachfolgenden Generationen wohl etwas wie ein Glauben entwickeln?

Ich habe die Antwort auf diese Frage in meinem Gottesbild, das ich im vorhergehenden Kapitel beschrieben habe, bereits gegeben:

Gott ist da. Er hat ein Ich, das für uns zu einem Du werden kann. Er hat Einfluss auf die Welt. Wir selbst haben eine Seele, die uns ausmacht und die eine Verbindung zu Gott darstellt.

Wenn der Mensch mit seiner Seele eine Verbindung zu Gott hat und Gott ein personales Wesen ist, das für uns da sein will, dann muss sich auch in diesem Gedankenexperiment eine Art von Religion neu entwickeln. Problem hier ist nur die Frage: Entspricht dies meiner und Ihrer Erfahrung? Nehme ich als Person Gott wahr? Kann ich etwas akzeptieren, was ich als *mystische Erfahrung* bezeichnen will?

Hier liegt meines Erachtens einer der wesentlichen unüberwindlichen Hürden zwischen Religion und Naturwissenschaft. Das Ja und Nein entscheidet, ob wir uns gegenseitig ernst nehmen können oder nicht. Ein religiöser Mensch wird sagen: „Ja, ich erfahre Gott in meinem Gebet, in einer Meditation oder ganz unerwartet im alltäglichen Leben, ohne dass ich dafür ein materielles Ereignis benötige." Der nicht gläubige Naturwissenschaftler erwidert dann vielleicht: „Beweise es mir. Lass uns ein Experiment machen, um deine Erfahrungen nachzuweisen, dann glaube ich es auch." Doch wir, die wir glauben, können nur mit den Achseln zucken. Unsere Erfahrungen sind nicht reproduzierbar. Für die Wissenschaftler sind wir damit auf der Verliererstraße, und trotzdem haben wir Vertrauen in unsere eigenen Erfahrungen.

Der Physikprofessor und Träger des alternativen Nobelpreises Hans-Peter Dürr beschreibt dies in seinem Buch „Auch die Wissenschaft spricht nur in Gleichnissen" folgendermaßen: „Was die Menschen als Gott bezeichnen, entspringt einer überwältigenden intensiven Erfahrung, die mit dem Gefühl der Selbstaufgabe im Sinne eines Verlustes des Egos verbunden ist. Es ist eine Hinwendung zum mystischen Ich, eine freudige Hinwendung, die ohne Angst ist, weil sich im tiefen Selbst das Ich zum unbegreiflichen Ganzen weitet. Es ist verständlich, dass wir die Begegnung mit dem Göttlichen mit einer innigen menschlichen Beziehung vergleichen."

Ich behaupte, dass jeder Mensch ähnliche, auch nicht religiöse Erfahrungen gemacht hat. Viele erzählen derartiges dann bei Partys als Kuriosität, über die die anderen lachen dürfen. Man lacht selbst auch darüber. Rolf Froböse hat in seinem Buch „Die geheime Physik des Zufalls" einen ganzen Berg solcher Erfahrungen gesammelt.

Ein Beispiel, das von mir persönlich stammt: Vor einiger Zeit war ich im Supermarkt und musste plötzlich an die Mutter einer Spielgefährtin meiner Tochter denken.

> ALSO, MÄNNER HABEN WIRKLICH NUR FRAUEN IM KOPF.

Na ja, sie war hübsch, das gebe ich zu, aber eigentlich dachte ich nie an sie. Wir trafen uns nur, wenn wir unsere Kinder vom Kindergarten abholten, oder wenn unsere Kinder miteinander spielten. Und nun, zwischen Nudeln und Tomatensauce, hatte ich plötzlich ihr Bild im Kopf, nur kurz, dann entschied ich mich für das Tomatenmarkpäckchen mit Basilikumgewürz. Dann brauchte ich noch Plastiktüten für den Abfalleimer – und da traf ich sie, *diese Frau*. Seltsame Zufälle gibt es in diesem Leben! Oder stehen wir alle irgendwie miteinander in Verbindung? Der abgebrühteste Naturwissenschaftler hat sicherlich schon einmal die Erfahrung gemacht, dass er mit schlechtem Gewissen an seine Mutter denken musste, die er eigentlich längst wieder einmal hätte anrufen müssen, und plötzlich klingelt das Telefon; die Mutter ist dran. Ein wissenschaftliches Experiment lässt sich daraus nicht machen. Sicherlich speichert jeder Mensch derartige Erfahrungen auch anders ab, der eine, wie gesagt, als kuriosen Zufall, der Andere als normalen Aspekt zwischenmenschlicher Beziehungen.

Lässt sich daraus nun auf die Möglichkeit schließen, dass man auch Gott auf ähnliche Weise erfahren kann?

Zu einem Gespräch gehören zwei.

So gesprächig wie in diesem Buch erfahren Dich wohl die wenigsten. Vielleicht haben die großen Religionslehrer oder Propheten wie Mohammaed oder Buddha besonders gut mit Dir sprechen können: Und zu Deinem Sohn Jesus hattest Du bestimmt einen besonders guten Draht. Den meisten Gläubigen geht es wohl so: Sie sprechen Hunderte von Gebeten in die Nacht hinein und dann, ohne sagen zu können warum, vielleicht auch dann, wenn es besonders wichtig für sie war, dann ist da eine Antwort oder das Gefühl, dass da jemand ist – vielleicht ähnlich dem Gefühl, das wir haben, wenn uns jemand, der sich hinter uns befindet, anschaut. Wir drehen uns um, schauen in seine Augen und sind uns sicher, dass wir seinen Blick gespürt haben (auch wenn naturwissenschaftlich gesehen das Licht von uns ausging, nicht von seinen Augen). Ähnlich kann es sein, wenn man beim Beten Gottes Anwesenheit spürt – oder auch viel intensiver. Und wieder könnten Sie sich nun unter einen Computertomographen legen oder Elektroden an den Kopf kleben lassen, damit die Wissenschaftler zeigen, welche Hirnregionen für dieses Phänomen verantwortlich sind. Sie werden auch gleich zeigen können, dass sich diese Gefühle künstlich stimulieren lassen und wie sie sich im Laufe der Evolution entwickelt haben. Doch wer diese Erfahrung gemacht hat und ein wenig seinem eigenen gesunden Menschenverstand traut, der wird einsehen, dass die Gehirnströme in diesem Fall gar nichts beweisen, weil sich die Frage nach der eigentlichen Ursache – Gott oder biochemische Reaktionen – leicht als Henne-Ei-Problem herausstellen könnte.

Die christliche Geschichte kennt viele Mystiker, die auf eine derartige Weise Zugang zu Gott gehabt haben. In früheren Jahrhunderten sind diese Menschen bewundert und gefürchtet worden, werden heute jedoch eher ausgelacht, denn ohne Messwert haben derartige Erfahrungen nur den Wert „metaphysischen Humbugs". Der gläubige Mensch muss sich darüber Gedanken machen, wie er dazu stehen will. Er muss – meines Erachtens – diesen „metaphysischen Humbug" als Teil seiner Realität anerkennen und den Spöttern die selbstbewusste kalte Schulter zeigen. Wer, von denen, die beten, wird denn schon glauben, dass Gott Schallschwingungen auffängt oder in einer physikalisch erklärbaren Funkverbindung mit unseren Gehirnen steht?

> TJA, LEUTE! ICH BIN DIE REINE METAPYSHIK! WAS HEISST DAS NOCH MAL?

Dass DU und unsere Verbindung zu DIR mit naturwissenschaftlichen Methoden nicht nachweisbar sind. Die Metaphysik geht über die Physik hinaus. Und wie kann ich sicher sein, dass ich diesen Erfahrungen vertrauen kann und sie nicht einfach Einbildung sind? Empfindungen, die ich empfinden möchte, weil ich glauben will, vielleicht wie ich Liebe empfinde, weil ich lieben will?

> WARUM SUCHST DU DIE SICHERHEIT? UND WO SUCHST DU DIE WAHRHEIT?

Die meisten vertrauen ihrem Gefühl der Liebe. Sie binden sich an einen Partner, heiraten, bekommen Kinder, und doch kann sich niemand sicher sein, dass die Liebe mehr ist als ein Hormonstoß, der das Überleben unserer Spezies sichert. Warum sollen wir nicht auch dem Gefühl für Gottes Anwesenheit vertrauen? Viel mehr vertrauen wir der Wissenschaft. Sie ist das, was uns heute verspricht, Wahrheit zu vermitteln. Ein großer Teil des restlichen Buches beschäftigt sich mit der Frage, wo ich denn die Wahrheit finde: In der Physik oder in der Metaphysik? In der Naturwissenschaft oder der Religion? In beiden? Oder gar irgendwo anders?

Was ist Mathematik?

Bei der Suche nach Wahrheit hat die Mathematik vielleicht eine Sonderstellung. Unter den „normalen" Menschen hat sie zwar einen schlechten Ruf, und viele, etwa der ehemalige Bundeskanzler Gerhard Schröder, prahlen sogar damit, dass sie in der Schule schlecht in Mathematik gewesen seien, doch stellt sie unangefochten die Grundlagen für viele Zweige der Naturwissenschaften; allen voran für die theoretische Physik, zu der auch die „philosophischen Disziplinen" Elementarteilchenphysik und Kosmologie gehören. Der Mathematik haftet der Ruf an, rein, logisch und widerspruchsfrei zu sein.

Und sie trägt ihr Gebäude aus sich selbst?

Nein, wer das glaubt, wird enttäuscht werden.

Worauf beruht die Mathematik?

Die Mathematik basiert auf einem System aus Axiomen, logischen Verknüpfungen und Beweisverfahren. Ein Axiom ist ein zu Grunde gelegter, nicht abgeleiteter Ausgangssatz. Da gibt es in der Mathematik die Axiome der reellen Zahlen:

1. Axiom: Die reellen Zahlen sind ein Körper – d.h. vereinfacht gesagt ein mathematisches Konstrukt, mit dem man rechnen kann, wie wir es gewohnt sind: beim Multiplizieren und Addieren Zahlen vertauschen, sie geeignet umordnen, es gibt eine Null und eine Eins.

2. Axiom: Die reellen Zahlen sind der Größe nach geordnet.

3. Axiom: In einer beschränkten Teilmenge gibt es ein Supremum, das heißt, eine kleinste Zahl, die nicht erreicht wird.

Mehr – so sagen die Mathematiker – müssen wir nicht voraussetzen, um fröhlich und logisch schlüssig mit den reellen Zahlen rechnen zu können. Zum Rechnen sind in der Definition des Körpers auch schon bestimmte Verknüpfungen, wie plus, minus, mal und dividiert enthalten. Um dann weitergehende Regeln, die für die Mathematik der reellen Zahlen gelten sollten, ableiten zu können, braucht der Mathematiker noch Beweisverfahren. Eine beliebte Methode ist zum Beispiel, für einen Beweis durch Widerspruch erst einmal das Gegenteil der zu beweisenden Aussage anzunehmen und dann so lange herumzurechnen, bis man zu einem eindeutigen Widerspruch zu den Voraussetzungen kommt. So hat man dann die Grundaussage bewiesen. Sehr hübsch ist auch die vollständige Induktion, auf die wir später noch recht genau eingehen werden.

Was viele an der Mathematik abschreckt, sind die vielen, für den Laien unbekannten Zeichen und Symbole. Doch die Einführung dieser geeigneten Formelsprache hat die Entwicklung der Mathematik so beschleunigt, dass heute ein Schüler mathematische Zusammenhänge verstehen kann, die in früheren Jahrhunderten nur wenigen hochausgebildeten Mathematikern zugänglich waren. Durch diese Formelsprache lassen sich komplizierte Zusammenhänge in nur wenigen Zeichen beschreiben, die auch noch überall auf der Welt verstanden werden.

„Die Mathematiker sind eine Art Franzosen: redet man zu ihnen, so übersetzen sie es in ihre Sprache, und also bald ist es etwas ganz anderes." *(Johann Wolfgang von Goethe, 1749—1832)*

So reicht es also der Mathematik, aus einigen Grundvoraussetzungen – den Axiomen, davon gibt es noch mehr – und logischen Schlussfolgerungen (die letztlich unser gesunder Menschenverstand liefert) ein riesiges Gedankengebäude aus Methoden und Sätzen aufzubauen, die innerhalb dieses Systems nicht angezweifelt werden und darum auch als Wahrheiten bezeichnet werden können. Dabei ist die Mathematik kein totes Gebiet mit sturen Rechenschemata, sondern eine höchst lebendige Wissenschaft, in der eifrig geforscht und auch immer wieder etwas Neues herausgefunden wird.

UND DIE MATHEMATIKER HABEN WIE EIN GOTT FEIN SÄUBERLICH ALLES VON GRUND AUF AUFGEBAUT, NICHT WAHR?

Heute fängt jedenfalls jeder da an, wo die aktuelle mathematische Forschung steht, doch es gibt auch den Weg zurück. Viele Mathematiker versuchen, das Grundgerüst ihrer Wissenschaft auf noch festere Beine zu stellen. So gibt es Versuche, alle mathematischen Objekte auf ihre wesentlichen Eigenschaften zu reduzieren, um eine möglichst hohe Abstraktionsstufe zu erreichen. Außerdem veröffentlichte in der ersten Hälfte des 20. Jahrhunderts David Hilbert eine Liste mit 23 ungelösten wichtigen Problemen der Mathematik. Eines davon war die vollständige Axiomatisierung der Mathematik, das heißt, er wollte, dass jemand einmal alle Grundvoraussetzungen festhält, auf denen die Mathematik beruht, denn nur damit könnte man zeigen, dass die Mathematik in sich widerspruchsfrei ist, dass also nicht gleichzeitig eine Aussage und ihr Gegenteil gelten können. Noch ist die Axiomatisierung der Mathematik nicht abgeschlossen, und so kann auch niemand behaupten, sie sei in sich absolut widerspruchsfrei.

„Die Mathematik befriedigt den Geist durch ihre außergewöhnliche Gewissheit." (Johannes Kepler, 1571—1630)

Allerdings konnte Kurt Gödel 1930 zeigen, dass es in jedem mathematischen Axiomensystem, das die Arithmetik enthält, entweder wahre, jedoch nicht beweisbare Aussagen gibt, oder aber das System in sich widersprüchlich ist. Man kann also in jedem mathematischen System, das komplex genug ist, die Addition und Multiplikation ganzer Zahlen zu ermöglichen, Behauptungen aufstellen und sie auch als wahr erkennen, die sich innerhalb dieses Systems aber weder mathematisch beweisen noch widerlegen lassen. Die Religion wird oft dadurch definiert, dass Menschen an bestimmte „Wahrheiten" glauben müssen. Im Zusammenhang mit dem Gödelschen Theorem meinte der Mathematiker F. De Sua deshalb, es habe den Anschein, die Mathematik sei die einzige Religion, die bewiesen habe, dass sie wirklich eine ist.

Woher stammt das mathematische Denken?

Trotzdem scheint sich die reine Mathematik nicht die Finger an unserer Erfahrungswelt schmutzig zu machen. Ihre Ursprünge lassen das jedenfalls erst einmal vermuten. Astronomie und Mathematik sind die ältesten Wissenschaften. Schon die Sumerer, Babylonier und Ägypter beschäftigten sich damit. Im alten Griechenland erlebte die Mathematik eine erste Blütezeit. Die alten Griechen sahen in der Mathematik eine Methode rein logischen Beweisens. Damals beschäftigte man sich unter anderem mit der Geometrie. Den Satz von Pythagoras (ca. 570–510 v. Chr.) kennt jeder (auch wenn er vermutlich nicht von Pythagoras stammt). Archimedes (287–212 v. Chr.) hat unter anderem ein Verfahren angegeben, mit dem man die Kreiszahl π beliebig genau bestimmen kann. Zu den Einflussreichsten Büchern der Welt zählen „Die Elemente" von Euklid (ca. 325–265 v. Chr.), ein Lehrbuch der Geometrie, das den Stand des mathematischen Wissens seiner Zeit zusammenfasste.

Später waren Mathematiker meist auch Naturwissenschaftler. Sie standen vor einem naturwissenschaftlichen Problem und suchten einen Weg, es mathematisch zu lösen oder zu beschreiben. Descartes führte zum Beispiel Koordinaten ein, um geometrische Formen berechnen zu können. Newton und Leibnitz begannen damit die Infinitesimalrechnung zu entwickeln, was für Newtons Gravitationsgesetz sehr nützlich war.

INFINITESIMALRECHNUNG? DAS KLINGT NACH GAR NICHTS.

Das kennen wir alle. Um eine Geschwindigkeit zu erhalten, müssen wir eine Strecke durch eine Zeit teilen. Wir fahren also z. B. 100 Kilometer in einer Stunde. Der Tacho darf aber nicht erst eine Stunde lang eine Strecke messen und dann anzeigen, wie viele Kilometer wir gefahren sind, sondern er misst eine möglichst (infinitesimal) kurze Strecke und teilt dann durch die zugehörige (infinitesimal) kurze Zeit. So bekommen wir die aktuelle Geschwindigkeit. Und messen wir dann noch eine (infinitesimal) kleine Veränderung der Geschwindigkeit während einer entsprechend kurzen Zeit, so erhalten wir die Beschleunigung. Das ist angewandte Infinitesimalrechnung.

„Die Mathematik ist das Alphabet, mit dessen Hilfe Gott das Universum beschrieben hat." (Galileo Galilei, 1564–1642)

Und heute? Heute legt die Mathematik die Grundlage für jede Naturwissenschaft. Es gibt unzählige eng verflochtene Paare, etwa Funktionalanalysis und Quantenmechanik, Stochastik und statistische Mechanik, Geometrie und Stringtheorie und viele andere. Viele dieser Begriffe werden später noch näher erklärt.

Doch das Verhältnis ist nicht mehr ungetrübt. Der Mainzer Mathematikprofessor Volker Bach weist in einem Artikel für das *Physik-Journal* (6/08) darauf hin, dass mathematisch arbeitende Physikerinnen und Physiker als unbequeme Nörgler dastehen, wenn sie auf Beweislücken hinweisen, obwohl diese nicht stören oder nicht mehr bewusst sind. Sie müssen sich dann den Vorwurf anhören, sie wollten den wissenschaftlichen Fortschritt mit Haarspaltereien aufhalten. Wenn andererseits Mathematiker sich zu intensiv der Physik widmen, werden sie in der Mathematikergemeinde leicht verdächtigt, dass sie sich der strengen mathematischen Beurteilung entziehen wollen.

„Das Wesen der Mathematik liegt in ihrer Freiheit."
(Georg Cantor, 1845–1918)

Diese Querelen ändern jedoch nichts an der Tatsache, dass die Mathematik dort, wo die Naturwissenschaft die großen philosophischen Probleme der Entstehung der Welt, also der Kosmologie und Elementarteilchenphysik, aufgreift, eine beherrschende Stellung hat. Die meisten theoretischen Physiker sehen sie sicherlich als wichtigeres Werkzeug an als ihren eigenen gesunden Menschenverstand. So fragte einmal ein Doktorand des berühmten britischen Physiker Paul Dirac in etwa danach, was denn seine Berechnungen in der Quantenphysik nun eigentlich für eine physikalische Bedeutung hätten. Diracs Antwort lautete: „Seien Sie ruhig und rechnen Sie!"

Was ist Naturwissenschaft?

Um einen Fachbegriff zu klären, konsultiert man in den meisten Fällen ein Fremdwörterlexikon. Beim Begriff Wissenschaft ist das glücklicherweise anders. Was ist Wissenschaft? Etwas, das Wissen schafft, das Wissen vermehrt. In unserem Zusammenhang sollte man dabei sicherlich den Begriff „Wissen" hervorheben. Wissen und Glauben ist ein Wortpaar voller Spannungen, „Glauben heißt nicht wissen" ein bekannter Aphorismus. Zwar bezeichnen sich auch Theologen als Geisteswissenschaftler, und viele Menschen wissen um ihre eigenen metaphysischen Erfahrungen, doch ein Naturwissenschaftler würde diese Erkenntnisse nicht als wissenschaftlich fundiert akzeptieren. Naturwissenschaftler beschäftigen sich – auch das steckt im deutschen Wort – mit der belebten und unbelebten Natur. Sie grenzen sich damit traditionell von den Geisteswissenschaften ab, doch diese Grenzen verschwimmen allmählich. So mancher Theologe datiert gefundene Schriften mit der Radiokarbonmethode, und Psychologen greifen zum Computertomographen, um die Vorgänge im Gehirn zu erforschen.

„Vielleicht besteht der bedeutsamste Unterschied zwischen Naturwissenschaft und Religion darin, dass die Naturwissenschaft glaubt, bei dieser Suche seien wir ganz auf uns selbst gestellt. Die Religion aber sagt uns ..., dass die Wahrheit auch uns sucht."
(Kitty Ferguson)

Zwischen all diesen Stühlen sitzen auch die Mathematik und die Informatik. Beide gehören eher zu den Geisteswissenschaften, denn kein Mathematiker überprüft seine Ergebnisse an der Wirklichkeit, und trotzdem sind die meisten Mathematikfakultäten an den deutschen Universitäten dem Bereich der Naturwissenschaften zugeordnet. Das hat letztlich praktische Gründe: Mathematiker und Physiker sprechen die gleiche Sprache, denken und argumentieren ähnlich, und im Idealfall unterstützen sie sich sogar, und sei es nur, indem die Mathematikprofessoren die Mathevorlesungen für die Physikstudenten halten, damit die später die Natur erklären können. Und wie machen sie das?

Wie erklären Naturwissenschaftler die Welt?

Die Familie, die heute Wissenschaft als Nachnamen trägt, hatte vor über 2000 Jahren eine gemeinsame, alleinerziehende Mutter: die Philosophie. Der Vater trieb sich in vielerlei Gestalten auf der Erde herum und schaute nur gelegentlich bei der Philosophie vorbei.

> WENN SIE SICH MIT MIR BESCHÄFTIGEN WOLLTE, KONNTE SIE DAS JEDERZEIT. ICH WAR IMMER DER, DER DA WAR.

Ja, aber kurz nachdem die Juden DICH als den alleinigen Schöpfer festgeschrieben hatten, fingen die Griechen an zu überlegen, ob das alles nicht auch ohne Götter, oder wenigstens ohne die Geschichten, die dazu im Umlauf waren, erklärbar sei. So entwickelte sich die Naturphilosophie. Die Naturphilosophen dachten nach – heute gehörten sie also zu den Geisteswissenschaften oder säßen neben den Informatikern – sie erdachten Atome und Elemente, sinnierten über das Vakuum und die Sterne. Sie kamen auf viele Ideen, die mit den Erklärungen der modernen Naturwissenschaft übereinstimmen, und auf viele andere, die heute sehr amüsant klingen. Aristoteles, man könnte ihn vielleicht als den letzten großen griechischen Philosophen bezeichnen, wenigstens aber als den größten Systematiker, ordnete all die Gedanken seiner Vorgänger und schrieb sie auf.

Ohne es zu wissen, schrieb er sie damit auch fest, denn viel später, als das christliche Weltbild das Denken der Menschen bestimmte, vor allem ab dem 13. Jahrhundert, wurden seine Werke zur bestimmenden Referenz. Wenn man etwas über die Natur erfahren wollte, schlug man bei Aristoteles nach.

Doch schon in diesem 13. Jahrhundert brachte Albertus Magnus einen Stein ins Rollen, der später nicht mehr zu stoppen war. Er vertrat die Ansicht, dass der Lehre Gottes nicht widersprechen kann, was man mit den Sinnen wahrnehmen kann.

> DIE MÖGLICHKEIT DER SINNESTÄUSCHUNG WAR DEM HL. ALBERT ABER DURCHAUS GELÄUFIG!

Wie auch immer, Albertus Magnus und andere führten damit etwas ein, was heute aus den Naturwissenschaften nicht mehr wegzudenken ist: die Beobachtung. Aus der Naturphilosophie konnte sich im Laufe des nächsten halben Jahrtausends die Naturwissenschaft entwickeln, wie wir sie kennen. Das Denken allein reicht nicht mehr aus, Erkenntnisse ohne nachvollziehbare und reproduzierbare Beobachtungen sind wertlos. Damit setzte sich die Naturwissenschaft aber nicht nur von der Naturphilosophie ab, sondern auch von jeder religiösen Betrachtungsweise. Beobachtung bedeutet heute eine planvoll durchgeführte Messung. Eine metaphysische Gotteserfahrung ist per Definition physisch nicht messbar und damit nicht naturwissenschaftlich.

In all dem liegt an sich noch kein Konfliktpotential. Albertus Magnus setzte Gott als gegeben voraus. Er suchte mehr nach zusätzlichen Erkenntnismöglichkeiten. Heute jedoch sehen viele Menschen, nicht nur Naturwissenschaftler, und von den Naturwissenschaftlern bei weitem nicht alle, Gott nur noch als historische Größe und den naturwissenschaftlichen als den allein möglichen Erkenntnisweg.

Diese, seit etwa 700 Jahren anhaltende Entwicklung ist jedoch im 20. Jahrhundert zu einem Punkt gekommen, der das Gebäude zum Wanken bringt. Nicht, weil die Religion wieder zurückkehrt, sondern weil in der Kosmologie und Elementarteilchenphysik allmählich die „Geisteswissenschaft" Mathematik die Herrschaft übernimmt. So gibt es einige physikalische Theorien, die vielleicht eine physikalische Erklärung des Kosmos und der Elementarteilchen liefern können, aber durch Beobachtungen weder verifizier- noch falsifizierbar sind, weil zu hohe Energien dazu notwendig wären. Und auch die Quantenmechanik verlangt von den Physikstudenten, dass sie nicht an ihren gesunden Menschenverstand, sondern an die mathematischen Leistungen so mancher Wissenschaftsikonen glauben sollen.

„Der erste Trunk aus dem Becher der Naturwissenschaften macht atheistisch, aber auf dem Grund des Bechers wartet Gott." (Werner Heisenberg, 1901–1976)

UND WIESO NICHT AN MICH?

Weil DU DICH von vornherein nicht auf die Waage stellen lässt.

Wie gewinnt man naturwissenschaftliche Erkenntnisse?

Das Wiegen, allgemeiner die Messung ist eine der wichtigsten Vorgehensweisen, um naturwissenschaftliche Erkenntnisse zu erlangen. Eine naturwissenschaftliche Aussage ohne vorhergehende Beobachtung gibt es nicht. Jagdish Mehra erzählte von seiner ersten Begegnung mit dem berühmten Physiker Paul Dirac. Er saß zufällig bei einem Essen im St. John's College in Cambridge neben ihm und wußte nicht so recht, über was er sich mit ihm unterhalten könnte. Deshalb äußerte Mehra, wie das in England so üblich ist, etwas Unverbindliches über das Wetter: „Es ist recht windig, Herr Professor." Da stand Dirac ohne ein Wort auf und verließ den Tisch. Mehra befürchtete schon, etwas Unschickliches gesagt zu haben, doch da sah er, wie Dirac die Eingangstür öffnete, hinausschaute und zurückkam. Als er sich wieder gesetzt hatte, sagte er einfach: „Ja." (Von Dirac behaupteten einige seiner Kollegen, er hätte stets nur die Worte „ja", „nein" und „ich weiß nicht" benutzt.)

Eine naturwissenschaftliche Aussage basiert also auf empirischen Experimenten. Dabei ordnet man einem beobachtbaren Phänomen einen Zahlenwert und eine Einheit zu, etwa der Entfernung nach Berlin die Zahl 650 und die Einheit Kilometer.

Oder der Gotteserfahrung die Zahl 3 und die Einheit Bi – für „believe intensity".

Im Prinzip ginge auch das, und es gibt sogar tatsächlich relativ subjektive Einheiten auch in der Technik, etwa bei der Frage, wie unangenehm Lautstärken empfunden werden, doch wichtig für jede naturwissenschaftliche Messung ist, dass sie jederzeit von anderen, mit der entsprechenden Ausrüstung und bei gleichen Bedingungen wiederholt werden kann (Reproduzierbarkeit). Es empfindet zwar jeder einen Presslufthammer als unangenehm laut und das Summen einer Mücke als leise (und trotzdem unangenehm), doch bei einer Gotteserfahrung kann man nicht von einer objektiven Reproduzierbarkeit ausgehen. Es gibt zwar längst Untersuchungen des Gehirns von meditierenden Personen, doch wie weit hier nur ein biologischer Zustand hergestellt und vermessen oder ob wirklich eine metaphysische Erfahrung gemacht wird, darüber lässt sich sicherlich streiten.

Die Naturwissenschaftler nehmen die Welt also primär über Zahlenwerte wahr. Nur liefert natürlich eine Reihe von Zahlen kein Bild der Welt, dazu ist ein zweiter Schritt notwendig. Aus den Regelmäßigkeiten, die in diesen Zahlenwerten gefunden werden schließen die Naturwissenschaftler dann auf allgemeingültige Gesetzmäßigkeiten. Eine größere Anzahl von Gesetzmäßigkeiten kann schließlich in einem Modell oder einer Theorie zusammengefasst werden. Von mehreren Theorien, die den gleichen Sachverhalt erklären, bevorzugen die Wissenschaftler in der Regel die einfachste. Dieses schon auf Aristoteles zurückzuführende Prinzip nennt man „Ockhams Rasiermesser", weil sie alles Unnötige abschneidet.

Man erzählt sich ja die Geschichte, dass Isaac Newton auf seine Fallgesetze gekommen ist, als ihm einmal ein Apfel auf dem Kopf gefallen ist. Stellen wir uns ruhig vor, dass Newton beim zweiten Apfel besser aufpasste. Er beobachtete die Äpfel. Sie fielen alle nach unten. Warum? Newton schloss, dass sie nach unten fallen, weil eine Kraft auf sie wirkt, die sie aus ihrer Ruhelage beschleunigt, und stellte nach langen Überlegungen das Gesetz auf, dass die Kraft proportional zu dieser Beschleunigung und zur Masse des Körpers ist (wenn eine Größe zu einer anderen proportional ist, erhöht sich ihr Wert um das doppelte, wenn auch die andere verdoppelt wird). Newton hatte damit eine Gesetzmäßigkeit gefunden. Später griff Newton diesen Gedanken auf, als er die Bewegung der Planeten um die Sonne beobachtete. Er hatte eine tolle Idee: auch die Planeten fallen; sie „fallen" um die Sonne. Er stellte sich eine Kanonenkugel vor. Wenn man sie abschießt, fällt sie irgendwann zur Erde; nimmt man mehr Pulver, wird sie schneller und fällt erst später zur Erde; doch wenn man nun ganz viel Pulver nimmt, dann fällt die Kugel erst herunter, wenn die Erde schon längst durch ihre Krümmung „eine Kurve gemacht hat". Die Kugel wird immer noch von ihr angezogen und gelangt so auf eine Kreisbahn. So fallen also alle Monde und Planeten in Kreisbahnen um ihr Zentralgestirn. So ist aus Newtons Gesetzmäßigkeit eine größere Theorie geworden.

Theorien sind, im naturwissenschaftlichen Sinn, jedoch etwas, das jederzeit durch eine andere Beobachtung widerlegt werden kann. Dann muss die Theorie durch eine neue oder verbesserte Theorie abgelöst werden. Diese Falsifizierbarkeit einer wissenschaftlichen Theorie ist ein zentraler Punkt des naturwissenschaftlichen Denkens. Eine Theorie, die nicht überprüft und damit auch nicht als falsch erkannt werden kann, entspricht nicht den naturwissenschaftlichen Prinzipien. Wer also eine Theorie aufstellt, muss auch angeben können, wodurch sie widerlegt werden könnte.

Dass die Planeten um die Sonne kreisen, war natürlich zu Newtons Zeiten schon längst bekannt. Galileo Galilei hatte die Theorie aufgestellt, dass sie sich auf Kreisbahnen um das Zentralgestirn bewegten. Der Theorie, dass sie auf Kreisbahnen um die Sonne „fallen", ging es in diesem Sinn jedoch schon bald an den Kragen, denn die Beobachtungen der Bewegung der Planeten stimmten mit derartigen Kreisbahnen nicht überein. Dieses Problem löste Kepler. Er hatte lange an diese Kreise geglaubt, da er der Ansicht war, der Kosmos müsse vollkommenen harmonischen Gesetzen gehorchen, und was wäre da besser als ein Kreis. Kepler musste sich von dieser Vorstellung trennen, die Planeten laufen auf Ellipsen – eiförmigen Kreisen – um die Sonne, für uns heute nur eine winzige Änderung der Theorie, für Kepler brach sein philosophisches Grundgerüst zusammen.

EINE THEORIE SCHEINT ALSO EINE ETWAS WACKELIGE GESCHICHTE ZU SEIN, AUF DIE MAN SICH NIE UNNÖTIG LANGE STÜTZEN SOLLTE.

Na ja, der Begriff gilt heute tatsächlich nicht als unproblematisch. Liest man populärwissenschaftliche Texte, wird er nicht selten vermieden. Man kann manchmal den Eindruck gewinnen, dass diejenigen, deren Beruf die Vermittlung wissenschaftlicher Ergebnisse an die breite Öffentlichkeit ist, diese Errungenschaften gerne auf einem hohen Sockel sehen. Ein „Durchbruch in der Forschung“ macht ja auch einen Beitrag für ein Magazin oder eine Fernsehsendung interessanter als eine „überarbeitete Theorie“. Eine derartige „Optimierung von Formulierungen“ ist sicherlich sowohl für die Wissenschaftler wichtig, die Gelder für ihre Forschungen bekommen müssen, als auch für die Wissenschaftsjournalisten, die den Leser (und die Herausgeber der Zeitschriften) erreichen müssen.

Wie empfindlich die Journalisten auf dieses Thema reagieren veranschaulicht der Chefredakteur des Wissenschaftsteils der *Süddeutschen Zeitung*, Christoph Schrader, unbeabsichtigt in seinem religionskritischen Buch *Darwins Werk und Gottes Beitrag*. Er erzählt darin von folgender Episode. George Deutsch, der in der NASA-Pressestelle arbeitete, hatte einen Webdesigner angewiesen, in allen NASA-Seiten das Wort Urknall durch Urknall-Theorie auszutauschen. Man darf Herrn Deutsch wirklich, wie Schrader richtig betont, vorwerfen, mit dieser Aktion seine persönliche Ansicht, dass alles von Gott erschaffen wurde, an einer Stelle in die Öffentlichkeit gedrückt zu haben, an der sie einen ganz unverhältnismäßigen Stellenwert bekommt. Das Wort „Theorie“ bekommt hier den abwertenden Beigeschmack einer Arbeitshypothese, die jederzeit geändert werden kann, wahrscheinlich sogar falsch ist.

Für den Medienmann Schrader gehört der Begriff jedoch zum „Understatement der Forscher“, denn sie stelle

Erkenntnisse dar, an denen niemand mehr zweifle und sei eine „Formulierung des Wissens, die alle bekannten Fakten elegant zusammenfasst ..." Na ja, wenn ich zu meiner Tochter sage: „Könntest du mal wieder dein Zimmer aufräumen!", und sie antwortet: „theoretisch ja", dann bin ich vermutlich näher an der elementaren Bedeutung des Begriffs „Theorie" als mancher (auch ein Vater) es gerne hätte. Eine Theorie kann, muss aber mit der Wirklichkeit nicht unbedingt elegant übereinstimmen. Eine Theorie ist und bleibt etwas, das jederzeit als fehlerhaft erkannt werden kann.

Noch kritischer als das Wort „Theorie" ist der Begriff „Modell". Wir kennen ihn vielleicht aus Berichten über Wettervorhersagen und Erderwärmung, etwa das „Klimamodell". An Wettervorhersagen zweifeln alle grundsätzlich und natürlich auch an den zugehörigen Modellen. Doch eigentlich ist es meist das, was Wissenschaftler erstellen. Das Modell vom Urknall. Wir haben ein Bild vor Augen, das uns bei unserem Verständnis unterstützt. Wir sehen eine große Explosion, in der alles auseinander fliegt. Wenn man bedenkt, dass – wie die Kosmologen behaupten – dabei auch Raum und Zeit entstanden sind, können wir davon ausgehen, dass die Realität damals anders ausgesehen hat, doch das Modell hilft uns, unsere Fragen zu beantworten.

Wie das Modell Gottes.

Ja, wenn Du der Mann mit dem grauen Bart bist, dann ist das weit weg von der Realität, doch denjenigen, die sich zu der Zeit, als das Bild entstanden ist, Fragen über Dich gestellt haben, hat das Modell geholfen. So wie es uns heute hilft, wenn wir uns einen großen Knall (ohne Raum und Zeit) als den Anfang unserer Welt vorzustellen. Doch es ist genau das, was Naturwissenschaftler können. Sie entwerfen Modelle. Wie ein Architekt ein Architekturmodell eines neu zu bauenden Gebäudekomplexes entwirft, so bauen die Wissenschaftler Modelle der Welt. Von außen vermitteln sie einen guten Eindruck. Man kann sich weit mehr vorstellen als bei Plänen oder statischen Berechnungen. Doch wenn man ins Innere der Modelle vordringen will, findet man nur Pappe, und die Realität wird später ganz anders aussehen, viel lebendiger.

Noch einmal zusammengefasst: Naturwissenschaftler nehmen die Welt über reproduzierbare Messungen wahr. Dann entwerfen sie aus den gewonnenen Daten Theorien und Modelle, die jederzeit überprüfbar sein müssen und verbessert oder verworfen werden können, wenn neue Erkenntnisse dies erfordern. Teilweise wird mit Hilfe mathematischer Verfahren ein Modell weiterentwickelt und bestimmt dann die Theorie, auch ohne dass diese durch Messungen verifiziert oder falsifiziert werden kann.

WER WILL WAS?

Die Frage, wie wir die Welt wahrnehmen und mit welchen Methoden wir unsere Wahrnehmungen ordnen, hängt eng damit zusammen, welche Fragen wir uns überhaupt stellen. Wir haben schon gesehen, dass die Naturwissenschaft aus der Philosophie entstanden ist, die ihre Ursprünge wiederum in der Theologie hat. Heute haben sich die Fragestellungen soweit voneinander entfernt, dass man den Eindruck erhalten könnte, es gäbe keine Überschneidungen und damit auch kaum Konfliktpotentiale mehr.

Was will Religion?

Was ist es, wonach religiöse Menschen suchten und suchen? Von welchen Fragen glauben sie, dass die Religion sie beantworten kann?

Erklärung der Naturgewalten

In vorgeschichtlicher Zeit waren die Menschen den Naturgewalten hilflos ausgeliefert. Sicherlich erkannten sie zwar Regelmäßigkeiten im Wetter und dem Verhalten der Tiere, doch solange sie keine Kalender entwickelt hatten, mussten alle Vorgänge in der Natur für sie geheimnisvoll bleiben. Und auch später waren vielerlei Naturphänomene rätselhaft. Woher kamen Blitze? Was war die Sonne, was Mond und Sterne? Die Frage, woher die Menschen kommen, stellten sich erst weiterentwickelten Kulturen.

Du müsstest einmal sehen, wenn ich Blitze schleudere.

Genau, eine auf der ganzen Welt verbreitete Antwort lag darin, dass man alles den Göttern zuschob. Die Welt wurde geboren von einer großen Muttergottheit oder aus dem Chaos geschaffen von einem großen ewigen Schöpfer, wie dem Gott des Alten Testaments.

Und ich sah, dass alles gut war. Nur heute bin ich mir nicht mehr so sicher ...

Derartige Schöpfungsmodelle passten zu dieser Zeit zu der Art, wie die Menschen die Welt wahrnahmen. Sie war geheimnisvoll und fremdbestimmt. Man konnte die Gegebenheiten akzeptieren, aber kaum beeinflussen. Alles was dem Einzelnen oder der Gemeinschaft geschah, eine Krankheit oder Seuche etwa, konnte man als Bestrafung oder als Belohnung durch höhere Wesen interpretieren. Und diese höheren Wesen gnädig zu stimmen, war das einzige, was man gegen derartige Unbilden tun konnte. Das Verhältnis zu den Göttern war deshalb auch lange Zeit durch ein Geben-und-Nehmen bestimmt. Man brachte Opfer dar, legte Gelübde ab und versprach sich davon, dass die Gottheit für eine Besserung der Umstände sorgen werde.

Wir sind heute in einer sehr seltsamen Situation. Eigentlich spielt Gott in den Modellen der Schöpfung auch für gläubige Menschen eher eine sekundäre Rolle. Gott hauptsächlich als physischen Schöpfer zu sehen, erscheint eher als eine Altlast der Betrachtungen vergangener Generationen. Die Kirchen haben sich längst mit der Evolutionstheorie und dem Urknallmodell angefreundet. Für sie bleibt Gott zwar der erhabene letzte Grund, doch er ist längst nicht mehr alleinige Erklärung für alle physikalischen Vorgänge in der Welt.

UND ZUM GLÜCK GLAUBT HEUTE NIEMAND MEHR, DASS ICH FÜR ALLE KRANKHEITEN VERANTWORTLICH BIN.

Nein, und wir sind heute sogar so intelligent, dass wir einsehen, dass wir für die Klimaerwärmung selbst verantwortlich sind. Wenn wir heute an Gott denken, dann, weil es uns um ethische Grundsätze, Fragen der Lebensgestaltung, um die Frage nach dem freien Willen, dem Leben nach dem Tod und um den Sinn für all das geht.

Grundlage für ethische Normen

Viele Sozialwissenschaftler vertreten die Meinung, dass die Menschheit mitunter deshalb so erfolgreich werden konnte, weil sie ethische Normen entwickelt hat. Mögliche Gründe für die Entstehung dieser Normen gibt es viele, die Religion ist nur einer davon. Doch gibt es gleichzeitig auf der ganzen Welt keine menschliche Kultur ohne irgendeine Art von Glauben. Letztlich kann man zwei Gründe für diese

Parallelität finden. Entweder hat Gott sich allen Menschen offenbart, d.h., die Normen sind direkt von Gott gegeben, sozusagen „eingeflüstert“ worden, oder die ethischen Normen der gläubigen Kulturen brachten einen evolutionären Vorteil.

NATÜRLICH BRACHTEN SIE DAS. ICH HABE NUR DEN VÖLKERN GEHOLFEN, DIE AN MICH GEGLAUBT HABEN UND SICH AN MEINE REGELN GEHALTEN HABEN.

„Ich habe mich oft gefragt und keine Antwort gefunden, woher das Sanfte und das Gute kommt, weiß es auch jetzt noch nicht und muss nun gehn.“ (Gottfried Benn, 1886–1956)

Ich hoffe, DU machst einen Scherz. Ob DU die Darwinisten davon überzeugen kannst, dass die Menschen, die an DICH glaubten, im Vorteil waren, weil DU ihnen geholfen hast, bezweifle ich. Es gibt zwar in der Wissenschaft das schon erwähnte Prinzip von Ockhams Rasiermesser, dass die einfachste Lösung vermutlich die richtige ist, aber ich glaube die Freude, DEINER Argumentation zu folgen, werden uns die Wissenschaftler nicht machen. Den evolutionären Vorteil, den die Religion brachte, kann dagegen keiner bestreiten, unabhängig davon, ob es einen Gott gibt oder nicht.

Wer nicht an Gott, sondern nur an die Evolution glaubt, muss akzeptieren, dass eine Gesellschaft ohne den Glauben an Gott auf Dauer nicht lebensfähig ist. Dies scheint jedenfalls das Ergebnis des „evolutionären Prozesses“ gewesen zu sein. Viele moderne Wissenschaftler behaupten zwar, es gäbe auch ohne höhere Wesen verbindliche moralische

Prinzipien, doch ich glaube, es geht hier auch um die Frage der Akzeptanz. Wie tief in ihrem Inneren akzeptieren Menschen die vorgegebenen Regeln? Wie intensiv identifizieren sie sich mit ihnen? Es ist offensichtlich, dass eine Gemeinschaft Regeln festschreiben kann, damit ihr Funktionieren gewährleistet ist; etwa „Du sollst nicht stehlen!" Ohne dieses Prinzip ist ein geordnetes Zusammenleben nicht möglich. Die Gesellschaft stellt also diese Regel auf und droht mit Sanktionen, wenn sie gebrochen wird. Die Mitglieder der Gemeinschaft können sich daran halten, weil sie die Sanktionen fürchten oder weil sie die Regel als richtig akzeptiert haben. Meines Erachtens hängt der letzte Punkt aber sehr stark damit zusammen, ob wir uns überhaupt als frei betrachten. Haben wir die Wahlfreiheit, uns für oder gegen den Verstoß zu entscheiden? Ich bin der Ansicht, dass ein Mensch, der nicht frei ist, der von der Materie determiniert ist, letztlich auch nicht wirklich die tiefe Verantwortung für sein Tun trägt. Er kann vielleicht die Folgen seines Tuns falsch einschätzen, aber das ist nur Ausdruck seiner zu geringen geistigen Fähigkeiten, einer Fehlfunktion der Neuronen in seinem Gehirn. Erst durch eine metaphysische Komponente kann sich der Mensch letztlich von seiner Determiniertheit lösen und „Nein" sagen, obwohl ihm alle seine Lebensumstände ein „Ja, tu es ruhig, es bemerkt doch niemand", einflüstern.

Ich bin der Meinung, die Tatsache, dass die Menschen die Regeln des Zusammenlebens so gut akzeptieren, liegt nicht zuletzt daran, dass es diese metaphysische Komponente, nennen wir sie ruhig „Gewissen", gibt.

ZEIGT EUCH DIE ERKENNTNIS, DASS NUR KULTUREN, DIE EINE RELIGION ENTWICKELT HABEN, BIS HEUTE ÜBERLEBT HABEN, NICHT, DASS ES MICH GIBT?

Nein, sie ist sicherlich weit weg von einem Gottesbeweis, aber sie lässt einen religiösen Menschen doch heimlich schmunzeln. Wir sehen als Christen ja auf Jesus. Er hat drei Jahre lang gelehrt. Für viele Christen ist seine Leidensgeschichte der zentrale Teil des Evangeliums, doch sie dauerte nur einige Tage. In der Zeit davor hat Jesus viel über das richtige Leben gesprochen – auch über Gott und sein Verhältnis zu uns – aber über unser Verhältnis zueinander noch mehr. Sein Gebot der Nächsten- und Feindesliebe hatte, gerade zur Zeit der Spannungen mit der Römerherrschaft in Judäa, einen äußerst unbequemen Charakter und blieb bis heute das Maß aller Dinge, wenn es auch für die meisten Menschen unerreichbar scheint. Die Frage: „Wie soll ich leben?" ist deshalb immer noch für alle, die sich mit Religion beschäftigen, sehr wichtig.

Gerechtigkeit

In vielen Religionen gibt es einen Gedanken, der für uns Deutsche im 21. Jahrhundert sehr fremd klingt: Die Mühsal der Welt. In fernöstlichen Religionen versucht man aus dem Rad der Wiedergeburten herauszukommen, um nicht immer wieder auf diese Welt kommen zu müssen. Und auch das Christentum kennt sein „die Ersten werden die Letzten sein" und wir müssen „unser Kreuz tragen", bis wir im Himmel davon befreit werden. Dahinter steckt, dass die soziale Ungerechtigkeit hier später im Himmel ausgeglichen werden wird.

Aber du würdest gerne ewig leben!

Ja, das gebe ich zu. Ich persönlich würde, wenn ich gefragt würde, ob ich ein ewiges diesseitiges Leben haben möchte, ohne zu zögern ja sagen. Ich bin mir nicht ganz klar darüber, ob ich mit dieser Einstellung allein stehe, aber es gibt längst Biologen, die dieses Thema erforschen: Warum altern wir, und was können wir dagegen tun? Eine Unsterblichkeitsspritze würde eine kaum vorstellbare soziale Katastrophe heraufbeschwören, doch sind all dies neue Gedanken einer Welt im Überfluß.

Ohne Zweifel gibt es immer noch viel Ungerechtigkeit auf der Welt, solche, die uns persönlich trifft, andere, die uns zwar nicht trifft, die wir aber trotzdem wahrnehmen. Wie oft leben gerade „die Bösen" besonders gut, während es „den Guten" schlecht geht. Ohne Gott, ohne ein Leben nach dem Tod gäbe es nach Ansicht vieler kaum Aussicht, dass den „Betrogenen" jemals Gerechtigkeit widerfahren könnte.

Angst vor dem Tod

Die sichersten Hinweise, dass sich Menschen bereits in der Steinzeit mit Religion beschäftigt haben, sind Begräbnisstätten. Wer einem Toten Grabbeigaben mit in die letzte Ruhestätte legt, geht offensichtlich davon aus, dass der diese noch brauchen, also nach dem Tod weiterleben wird.

Auch heute noch ist dies vielleicht das wichtigste Thema, weshalb Menschen sich mit Gott beschäftigen. Die Frage „Was kommt danach?“ betrifft alle. Jeder erlebt das Sterben eines geliebten Menschen irgendwann einmal mit, der Großeltern, der Eltern, des Partners oder gar des eigenen Kindes. Und wieder ist dies ein weltweites Thema, das alle Menschen mehr oder weniger gleich beantwortet haben: Am Ende steht eine Art von „Wiederherstellung“, sei es auf der (neuen) Erde oder im Himmel. Für die Christen ist die Auferstehung Jesu das wichtigste verbindende Element.

Die Wissenschaft kann sich zu dieser Frage nicht äußern. Empirisch könnte man sich ihr vielleicht durch die Analyse von Nahtod-Erfahrungen annähern, doch derartiges steht für viele in der Ecke der Parapsychologie, also ganz weit weg von jeder Seriosität. Wer sich ganz auf die Wissenschaft verlassen möchte, sieht den Tod als biologischen Prozess, mit dem alles endet. Leben nach dem Tod ist naturwissenschaftlich nicht erfassbar und damit nicht existent.

„Die Himmel hab ich gemessen, jetzt mess ich die Schatten der Erde. Himmelwärts strebte der Geist, des Körpers Schatten ruht hier.“ (Grabsteininschrift von Johannes Kepler, 1630)

Scheinbar haben aber die Menschen seit jeher gefühlt, dass das anders ist, und das nicht erst, seit das Christentum von Jesu Auferstehung berichtet hat. Hat es vielleicht damit zu tun, dass Menschen eine „Seele“ haben, die nicht physikalischen Ursprungs ist und die unser Denken in diese Richtung beeinflusst? Für gläubige Menschen ist diese Fragestellung von großer Bedeutung.

Was macht mich als Individuum aus?

Selbstverwirklichung war zu Zeiten des Alten und Neuen Testaments und noch im späten Mittelalter kein Thema, weil der Glaube an Gott feststand und jeder seinen festen, gottgegebenen Platz in der Gesellschaft hatte. Heute, im Zeitalter des Individualismus, beherrscht es aber das Denken vieler. Warum lebe ich? Wer bin ich? Was ist der richtige Lebensweg für mich? Wie sehe ich mein Verhältnis zu anderen? Hat mein Leben einen Sinn? Wie gestalte ich es, damit es Sinn bekommt? Das alles sind Fragen, die sich moderne Menschen stellen können, nicht zuletzt, weil sie die Perspektive auf ein geregeltes Einkommen und ein gutes soziales Umfeld haben. Diese Fragen sind nicht primär theologisch. Jeder begeisterte theoretische Physiker kann für sich den Sinn des Lebens im Erforschen naturwissenschaftlicher Detailfragen finden.

Doch nicht selten führen diese Fragen auch über die materielle Existenz hinaus. Das Warum, Woher und Wohin, das in ihnen steckt, führt uns zur Religion. Wer sich der Nächstenliebe verpflichtet fühlt, findet sehr leicht eine Aufgabe, die er als sinnstiftend ansehen kann.

Und auch in Lebenskrisen hilft die Religion vielen Menschen. Sie lernen durch sie, Schicksalsschläge zu überwinden, mit Krankheiten zu leben oder, wenn nötig, neue Wege einzuschlagen.

> Ja, wenn es euch schlecht geht, fallt ihr ganz gerne einmal auf die Knie und hofft, dass ich euch aus der Patsche helfe.

Du, aber auch unser soziales Umfeld innerhalb einer Religionsgemeinschaft können hilfreich für uns sein. Wohl ist letzteres eher ein soziologischer als ein theologischer Faktor, doch der Glaube von Menschen, die sich die gleichen Fragen stellen, ist ein starkes verbindendes Glied.

Viel religiöser ist die Frage, die eigentlich vor all den anderen gestellt werden kann: „Bin *ich* eigentlich?" Bin ich ein Individuum mit einer Wahlmöglichkeit? Bin ich frei in meinen Entscheidungen? Bin ich es wenigstens manchmal? Oder ist die Welt determiniert, ohne dass ich auf ihren Verlauf Einfluss nehmen kann, weil auf eine Aktion von außen automatisch meine Reaktion innen erfolgt, das Ergebnis chemisch-physikalischer Vorgänge? Es ist wieder die Frage nach dem Geist oder der Seele des Menschen, sein metaphysischer Teil, der über den Determinismus messbarer physikalischer Größen hinausgeht. Gibt es die Seele, dann sind wir frei, dann gibt es ein Ich, gibt es sie nicht, dann sind wir Spielball, dann sind wir nur ein Zahnrad in einem großen vorherbestimmten Ganzen.

Wir alle spüren diese Freiheit. Kaum einer wird sagen, er sei ausschließlich ein Getriebener, der nichts in der Hand hat, doch viele haben nicht die Selbstsicherheit, an diese innere Erkenntnis zu glauben.

Religion sucht nach einer Wahrheit über unser Leben

Das persönliche Verhältnis des Menschen zu seiner Umwelt und Gott ist also heute der Schwerpunkt bei seinen

Fragen zu Religion. Der Mensch sucht nach nichts Geringerem als nach der Wahrheit.

Was ist Wahrheit?

Ein schwieriges Wort, jedenfalls viel mehr als die Modelle und auf Vergänglichkeit ausgelegten Theorien der Wissenschaftler. Wir alle leben dieses Leben nur einmal auf dieser Welt, und trotz aller Perspektiven auf Vergebung und ausgleichende Gerechtigkeit im Himmel, oder gar einer diesseitigen Wiedergeburt wie bei den fernöstlichen Religionen, will kaum jemand die einmalige Chance, die ihm gegeben ist, ungenutzt vergehen lassen. Wir wollen die Wahrheit hier und jetzt genau erfahren, nicht erst im Himmel.

Es geht euch dabei also nur um Selbstverwirklichung?

Zumindest darum, wie verwirkliche ich mein Leben auf die richtige Art und Weise. Was ist der Sinn meines Lebens? Und hier offenbart sich der dramatische Konflikt zwischen gläubigen und nichtgläubigen Menschen. Wer nicht glaubt, muss sich sein Ziel außen suchen. Er muss etwas in der Welt, die ihn umgibt, suchen, das ihn genug mitreißt, dass es sein Leben erfüllen kann, einen Beruf, ein soziales Ziel oder Reichtum – die Auswahl ist nicht klein. Er kann die gleiche Antwort finden, wie ein gläubiger Mensch, doch wird letzterer eine Begründung für sein Tun finden die außerhalb dieser Aufgabe liegt. Gott ist dann der Garant für die Sinnhaftigkeit seines Tuns. Er wird nicht einfach den Aufbau der physikalischen Natur erkunden wollen, bloß weil ihn das schon immer interessiert hat. Er wird wie ein Atheist anderen Menschen vielleicht helfen, weil er Mitleid für sie empfindet, doch bleibt dies nicht sein einziger Grund, er hat einen Grund, der über dieses Mitleid hinausgeht.

> DANN BIN ICH DAS LEBENSPRINZIP, DAS DIE RICHTUNG VORGIBT. ICH GLAUBE, VIELE ATHEISTISCHE NATURWISSENSCHAFTLER KÖNNEN GUT DAMIT LEBEN. DU KANNST DIR DEIN BUCH SPAREN.

Nein, so würde ich das nicht sagen, denn das alles funktioniert ja nicht ohne irgendeine Art von Offenbarung. Und damit sind wir plötzlich im Bereich der Naturwissenschaften. Wie wirkst DU auf dieser Welt, sodass ich DEINE Ziele erkennen kann. Glaube ich daran, dass DU die Richtung vorgibst, dann muss ich auch die Wegweiser, die durch DEIN Wirken entstehen, erkennen können. Wir kommen hier wieder zurück auf die Definition Gottes, die ich auf S. 26 f. gegeben habe.

Gott ist da. Er hat ein Ich, das für uns zu einem Du werden kann. Er hat Einfluss auf die Welt, ist aber nicht mit naturwissenschaftlichen Methoden messbar. Wir selbst haben eine Seele, die uns ausmacht und die eine Verbindung zu Gott darstellt.

Der Einfluss Gottes, eines personalen Wesens, hier und heute auf die Welt ist für unsere Lebensgestaltung von großer Bedeutung und steht im krassen Gegensatz zu allem, was die Naturwissenschaft lehrt. Eine Seele, die nicht messbar ist, die aber die Verbindung von Metaphysischem und Physischem herstellt, ist der Supergau der Biologen und Physiker. Sie können nicht anders als sie abzulehnen, wenn sie nicht an ihren eigenen Methoden zweifeln wollen.

„Die Menschheit kann nicht besonders viel Realität verkraften"
(T. S. Eliot, 1888–1965)

Den gläubigen Menschen jedoch liefert der Glaube tiefergehende Erkenntnisse der Wirklichkeit als die Wissenschaft. Er gibt Antworten, wo die Wissenschaft nicht sucht oder leugnet, dass die Einsichten der Religion etwas mit der Wirklichkeit zu tun haben. Es geht hierbei aber nicht darum, dass man in zwei verschiedenen Wissensbereichen arbeitet, in denen es keine Überschneidungen gibt. Wenn Gott als Ich-bin-der-Ich-bin-da wirkt, gibt es einen scharfen Konflikt, in dem sich nur eine Methode als richtig herausstellen kann, wie im Kapitel „Glaubenskrieg" (S. 97) noch klarer gezeigt wird.

Was will Mathematik?

Und welche Fragen stellen sich die Mathematiker, und warum? Wie schon erwähnt, wurden viele mathematische Theorien entwickelt, weil naturwissenschaftliche Fragestellungen beantwortet werden mussten, und zum Teil ist das auch heute noch so – nicht zuletzt deshalb, weil die Anwendungsnähe den finanziellen Bestand und die Unterstützung durch die eher kurzfristig denkende Politik sichert. Doch die Interessen haben sich im Laufe der Zeit verschoben. Die Mathematik hat als eigenständige Wissenschaft eigene Fragestellungen entwickelt. Das Beweisen, also das schrittweise Aneinanderfügen von Argumenten für die lückenlose Begründung von vermuteten Zusammenhängen ist das A und O und die wichtigste Herausforderung der Mathematiker. Dabei wird auf bereits bewiesene Sätze zurückgegriffen und so allmählich ein komplexeres System aufgebaut.

Doch es geht nicht nur darum, die allgemeine Gültigkeit einer Aussage nachzuweisen, dazu würde ein einziger Beweis ausreichen. Für viele Sätze gibt es aber eine große Zahl verschiedener Beweise (zum Satz von Pythagoras etwa gibt es 400 verschiedene Beweisverfahren). Für die Mathematiker ist die Durchführung des Beweises selbst die Herausforderung. Wie beweise ich etwas besonders schön und elegant? Das ist die Frage, die die mathematischen Forscher antreibt und die letztlich zu neuen Sichtweisen und Ideen führen kann.

„Das entscheidende Kriterium ist Schönheit. Für hässliche Mathematik ist auf dieser Welt kein beständiger Platz." (Godfrey Harold Hardy, 1877–1947)

Dieser Begriff der Schönheit wird von den Mathematikern durchaus ernst genommen. Es gibt in den einzelnen Disziplinen Strukturen, die aufgrund ihrer harmonischen Ordnung und Einfachheit als besonders ästhetisch empfunden werden – zumindest von Mathematikern. Sie sehen hier eine Verwandtschaft ihrer Disziplin zur Kunst und sind dabei auch stolz auf die Zweckfreiheit, den zweiten Aspekt, der die Mathematik mit der Kunst verbindet. Bekanntermaßen gibt es viele Naturwissenschaftler und Mathematiker, die auch begnadete Musiker waren.

Kaum ein Mathematiker wird etwas einzuwenden haben, wenn man ihm nachsagt, dass er auch von einem gewissen Spieltrieb motiviert wird. Spielen trägt den Sinn in sich selbst und ist oft von einem Gefühl der Spannung begleitet. Diese Spannung empfinden Mathematiker auch beim Lösen eines mathematischen Problems. Knobel-, Rätsel- und Kombinationsspiele sind sicherlich auch für junge Menschen ein erster Einstieg in eine (vergnügliche) Mathematik. Kein Wunder also, dass Spiele auch zum Forschungsgegenstand der Mathematiker geworden sind und sich die Fachrichtung der Spieltheorie entwickeln konnte.

„Die Mathematik als Fachgebiet ist so ernst, dass man keine Gelegenheit versäumen sollte, dieses Fachgebiet unterhaltsamer zu gestalten."
(Blaise Pascal, 1623–1662)

Bei all diesen eher „unernsten" Ansätzen soll aber nicht übersehen werden, dass die Mathematiker in ihrer Wissenschaft ebenso wie die Gläubigen nach einer Art von „Wahrheit" suchen.

UND SIE AUCH FINDEN.

Ja, sie finden sie, weil sie sich in einem geschlossenen System befinden, bei dem sie sagen können: „Das setzen wir voraus und mit diesen Methoden argumentieren wir." Im Gegensatz zu den gläubigen Menschen und anderen Naturwissenschaftlern sind sie damit unabhängig von einer weiteren Instanz.

Was wollen die Naturwissenschaften?

„Wir sind nur eine fortschrittliche Art von Affen auf einem unbedeutenden Planeten eines durchschnittlichen Sterns. Doch wir können das Universum verstehen. Das macht uns zu etwas ganz Besonderem."
(Stephen Hawking, 1989)

Das Bild des Naturwissenschaftlers in der Öffentlichkeit ist meist von einer Vorstellung von logisch klar denkenden und eventuell sogar kalten Menschen geprägt; der Mann im Labor mit dem weißen Kittel, der seine Untersuchungen anstellt; ein Mr. Spock, der sich nur für logische Zusammenhänge interessiert.

Den Fragen, die sich Naturwissenschaftler stellen, geht aber nicht selten etwas sehr Emotionales voraus, nämlich der Blick zum Himmel oder auf eine farbenprächtig blühende Blume. Das Staunen über Größe, Schönheit und die perfekte Organisation der Natur. Dieses Staunen hat früher bei den meisten Menschen religiöse Empfindungen hervorgerufen oder zu philosophischen Betrachtungen angeregt. Die technischen Möglichkeiten, die heute zur Verfügung stehen, bieten aber einen verlockenden anderen Weg: Finde heraus, wie das alles funktioniert, warum es funktioniert und wo es hinführt! Auch ohne Religion kann so der Mensch einen Halt finden und sich weniger verloren vorkommen in einem immer größer werdenden Kosmos. Sein Intellekt scheint das zu sein, was über allem steht.

Die Biologie und Evolutionstheorie

Der Sternenhimmel und das Leben sind vermutlich für die meisten Menschen die erstaunlichsten Phänomene auf der Erde. Wie funktioniere ich selbst? Was lässt mich wachsen? Warum sehen meine Kinder so aus wie meine Frau oder ich? Was steckt hinter dem Kreislauf von Leben und Tod? Was gibt es Verlockenderes, als die Antworten auf diese Fragen zu finden? Den Biologen reicht das Staunen nicht. Sie krempeln die Ärmel hoch und fangen an zu suchen.

Viele von ihnen untersuchen die Evolution des Lebens. Sie widmen sich im Großen und Ganzen zwei unterschiedlichen Fragestellungen:

Erstens befassen sie sich mit der wissenschaftlichen Rekonstruktion der Entstehung und Entwicklung der Biosphäre, wie wir sie heute kennen. Dies ist eigentlich eine historische Wissenschaft, die sich auf die Erkenntnisse der Paläontologie stützt, aber vermehrt auch auf moderne Erkenntnisse der Molekularbiologie zurückgreift.

Zweitens fragen sie nach den Mechanismen der Evolution und versuchen die dabei aufgetretenen Veränderungen mit Hilfe von experimentell zugänglichen chemischen und physikalischen Methoden zu erklären und auf bekannte Prozesse zurückzuführen.

Was sich so klar strukturiert und logisch anhört, sorgte bis Mitte des 20. Jahrhunderts für einen gehörigen Streit zwischen Evolutionstheoretikern und Genetikern, denn erstere wollten nur an eine sehr langsame, kontinuierliche Selektion glauben, während die Genetiker auch größere Sprünge in der Entwicklung annahmen. Heute ist durch umfangreiche Forschungen der Genetiker dieser Streit beigelegt, es gab die Sprünge, und alle Forscher ziehen mehr oder weniger an einem Strang.

Biologen, die sich mit den makroskopischen Effekten der Evolution beschäftigen, müssen aus Beobachtungen der lebenden Welt, wie sie sie vorfinden, auf historische Zusammenhänge schließen, ohne diese selbst experimentell nachvollziehen oder überprüfen zu können. Von dieser Art war eines von Darwins Aha-Erlebnissen, die Beobachtung der Galapagosfinken, die auf verschiedenen Inseln verschiedene Schnabelarten entwickelt hatten, weil diese für die Nahrungsaufnahme jeweils besser geeignet waren. Darwin schloss, dass sich aus einer einzigen Finkenart durch die Evolution verschiedene, an ihre Umwelt besser angepasste Unterarten entwickelt haben mussten.

Die Verfolgung von mikroskopischen evolutionären Prozessen ist dagegen durchaus möglich, da sich Bakterien und Viren relativ schnell vermehren und im Labor unter gezielten Bedingungen beobachten und beeinflussen lassen. Auch durch Computersimulationen können evolutionäre Prozesse nachgeahmt und studiert werden.

Die Biologen interessiert in diesem Zusammenhang aber längst nicht mehr nur, welche natürlichen Abläufe unter bestimmten Umständen zur Weiterentwicklung von Lebewesen führen. Sie versuchen inzwischen auch durch gezielte Veränderung von Genen die Eigenschaften der Geschöpfe zu beeinflussen. Aus diesen Fragestellungen entwickelte sich aus der Evolutionstheorie die Gentechnik.

Und damit wird aus den auf die Fragen nach dem Leben neugierigen Menschen eine neue Sorte von Schöpfern.

Das ist zum Glück nur ein PR-Trick der Genetiker, denn Leben zu schaffen und Leben zu verändern sind vollkommen unterschiedlich. Die Gentechniker basteln am Leben, so wie sie es vorfinden herum, sie wählen aus Möglichkeiten aus, so wie die Natur aus Möglichkeiten auswählt, nur viel schneller und für den Rest der Biosphäre sicherlich auch riskanter. Wirklich zum Schöpfer werden sie dadurch noch lange nicht.

Die Physik, Kosmologie und Elementarteilchenphysik

In unserem Zusammenhang von „Physikern" zu sprechen ist eigentlich ziemlich schlampig, denn in der Physik gibt es unzählige Einzeldisziplinen, von denen sich viele über „das Werden und Sein der Welt" nur sehr marginal Gedanken machen. Polymerphysiker beschäftigen sich mit Kunststoffen, Festkörperphysiker mit spannenden Dingen wie Halbleitern und Supraleitern, es gibt Physiker, die sich mit strömenden Flüssigkeiten, mit Licht und Lasern oder mit sehr tiefen Temperaturen befassen. Sie alle, ihren Fleiß in Ehren, interessieren uns hier eigentlich nicht wirklich. Die Elementarteilchenphysik und die Kosmologie sind dagegen beinahe „religiöse" Teilgebiete.

Diese Behauptung ist sicherlich wieder einmal ein Skandal ...

In diesem Fall täuschst Du Dich. Der berühmte Astronom und Mathematiker Johannes Kepler etwa, dem wir die genaue Beschreibung der Planetenbahnen zu verdanken haben, musste im 16. Jahrhundert noch für den Kaiser Horoskope erstellen. Dafür bekam er dann auch bei Prag ein wunderschönes neues Observatorium bezahlt, das er für seine Forschungen nutzen konnte. Heute müssen Astronomen keine Horoskope mehr verfassen, höchstens noch vorausberechnen, wann irgendwelche großen Asteroiden vielleicht die Erde treffen könnten (die Genauigkeit ähnelt vielleicht der von Horoskopen).

Viele Astrophysiker haben sicherlich in ihrem Leben oft staunend zum Nachthimmel emporgeschaut und wurden von diesem einmaligen Anblick in seinen Bann gezogen, der sie auch nie mehr losgelassen hat. Sie wollten wissen, woher das alles kam. Wo stehen die Menschen in Relation zum ganzen Universum und wohin wird es sich entwickeln? Also wirklich fast religiöse Fragen, wenn sie auch nur die Materie betreffen.

„Ich bat dich, in beide Richtungen zu schauen. Denn die Straße zum Verständnis der Sterne führt über das Atom; und wichtiges Wissen über das Atom hat uns über die Sterne erreicht."
(Sir Arthur Eddington, 1882–1944)

Ihr Blick nach oben in den Sternenhimmel hat erstaunlicherweise den der Elementarteilchenphysiker getroffen, denn beim Urknall – der Evolutionstheorie der Physiker – entstanden all die subatomaren Teilchen, für die sich auch die Elementarteilchenphysiker interessieren.

Diese hatten ihren Blick zuerst nach unten oder innen gerichtet. Woraus besteht alles? Schon Demokrit sprach von unteilbaren Atomen, aber die Physiker wollten es genauer wissen, und sie fanden immer winzigere Strukturen und Kräfte, die alles zusammenhielten (wir werden uns damit noch eingehend beschäftigen). Dazu brauchten die Elementarteilchenphysiker immer bessere Mikroskope. Das größte und teuerste davon ist der Large Hadron Collider (LHC), der im Herbst 2008 kurzzeitig am CERN (Conseil Européen pour la Recherche Nucléaire, Kernforschungszentrum bei Genf) angefahren wurde und dann lange repariert werden musste. Er soll das Elementarteilchen finden, das den Teilchen ihre Masse verleiht. Es heißt nach seinem Erfinder „Higgs-Teilchen", manche nennen es sogar das „Gott-Teilchen", weil es eine große Lücke im Standardmodell der Physiker schließen würde. Dazu müssen im LHC Bedingungen erzeugt werden wie kurz nach dem Urknall. Und damit schließt sich der Kreis zu den Kosmologen wieder.

Die Physiker hoffen, dass sie, wenn sie das Kleine erklären können, auch Antworten für das große Ganze finden.

Und schon wieder einmal ganz ohne mich.

Manche hatten Dich als den Initiator des Urknalls bezeichnet. Der Urknall war also der Tag der Schöpfung. Es sind Ideen des Intelligent Design, von denen ich, wie ich weiter unten zeigen werde, nicht sonderlich viel halte. Ich hoffe, wir finden noch eine bessere Aufgabe für Dich.

Na, da bin ich ja gespannt.

Die Physiker, die ein über drei Milliarden Euro teures Mikroskop benötigen, sind heute natürlich einem ungeheuren Erfolgsdruck ausgesetzt: keine neuen Ergebnisse zu finden, wäre wohl für die Forschung der Elementarteilchenphysiker ein schwerer Schlag, der dem gesamten Fachgebiet schaden würde. Vielleicht werden die ersten Erfolgsmeldungen in nächster Zeit hauptsächlich „Imagepflege“ sein.

DARWINISMUS, KREATIONISMUS UND DAWKINISMUS

Die Fragen, die Menschen dazu bringen, sich mit Religion oder Wissenschaft zu beschäftigen, haben also offensichtlich kaum Überschneidungspunkte. Auch die Art, wie beide ihre Erkenntnisse gewinnen, scheint kaum Konflikt zu bergen. Und dennoch sind die Schöpfungslehre und die Evolutionstheorie Themen, bei denen sich nicht nur Wissenschaftler, sondern auch die Theologen und viele Gläubige zu Wort melden, die sich für oder gegen diese Theorie engagieren.

Schon seit langer Zeit kann man von einer Kreationismus-Debatte sprechen. Amerikanische Überzeugungen wie Intelligent Design und Kreationismus finden auch in Deutschland immer mehr Anhänger und Gegner. Der Erfolg von Richard Dawkins Buch *Der Gotteswahn*, in dem er sich radikal gegen jede Religion und für die ausschließliche Gültigkeit der wissenschaftlichen Methode zur Erkenntnisgewinnung ausspricht, spricht für sich. Und auch in den Schulen gibt es immer wieder einmal ein Skandälchen, weil Eltern vereinzelter Sekten ihre Kinder nicht in die „verdorbene" Schule schicken wollen oder einzelne Politiker sich dafür einsetzen, die Schöpfungsgeschichte im Biologieunterricht zu behandeln. Um was geht es nun bei dieser Debatte, und welchem Modell sollen die Menschen mehr glauben?

Darwins Evolutionstheorie

In seiner Evolutionstheorie vertritt Darwin die Auffassung, dass sich alles Leben aus nur wenigen oder nur einer einzigen Lebensform entwickelt hat. Alle heute und alle seit dem Beginn des Lebens je aufgetretenen Arten haben sich demnach durch natürliche Selektion aus diesen Grundformen gebildet. Darwin geht dabei von drei Beobachtungen aus: Erstens, dass sich Eigenschaften von den Eltern auf die Nachkommen vererben, zweitens, dass die Individuen einer Art unterschiedlich sind und dass drittens sehr viel mehr Nachkommen entstehen als überleben können.

Unterschiede kommen zustande, indem die Vererbung nicht ganz perfekt abläuft und sich dadurch kleine Veränderungen ergeben, wobei alle für das Lebewesen positiven Veränderungen eine selbstverstärkende Wirkung haben, während negativen Veränderungen als Filter wirken, weil nur die besten sich im Kampf ums Überleben durchsetzen können, beziehungsweise, weil diejenigen Individuen, die sich besser für das Leben eignen, mehr Nachkommen hervorbringen können. Dabei sind die auftretenden Veränderungen nicht zielgerichtet. Positive Veränderungen kommen nicht deshalb häufiger vor, weil ihr Träger einen Vorteil davon hat, die Zweckdienlichkeit dieser Mutationen für die Art zeigt sich erst im Nachhinein. Es gibt also in der Evolutionstheorie keine von außen kommende Triebkraft.

UND DAMIT GLAUBEN SIE, DASS ICH FÜR IHRE MODELLE NICHT NOTWENDIG BIN.

Genau, denn Veränderungen im Erbgut kommen ganz ohne Dich auf zwei verschiedene Arten zustande, entweder werden Gene verschieden rekombiniert, sodass dadurch neue Kombinationen mit neuen Eigenschaften entstehen (etwa bei der Hautfarbe eines Babys von einer weißen Mutter und eines schwarzen Vaters) oder es treten Veränderungen in den einzelnen Genen auf, sodass echte neue Varianten entstehen. Diese Mutationen können sowohl kleine als auch große Änderungen in den Eigenschaften des Geschöpfes bewirken.

Alle physischen Eigenschaften eines Lebewesens sind in den Zellkernen in Form der DNA (Desoxyribonukleinsäure) gespeichert. Dabei handelt es sich um ein langes Kettenmolekül (Polymer), das in Form einer Doppelhelix angeordnet ist. Es besteht aus sogenannten Nukleotiden, die wiederum aus einem Phosphatrest, einem Zucker und aus einer von vier organischen Basen (A, T, G und C genannt) aufgebaut sind. Die Abfolge dieser Basen beinhaltet letztlich die für die Entwicklung und die Lebensprozesse des Organismus relevanten Informationen. Bei der Vermehrung eines Lebewesens wird diese DNA verdoppelt und an die Nachkommen weitergegeben. Mutationen können entstehen, indem bei diesem „Abschreibeprozess" Fehler auftreten. Diese Fehler können dazu führen, dass die Nachkommenschaft nicht lebensfähig ist – und dadurch aussortiert wird –, sie können ohne Auswirkungen bleiben oder zu einem Vorteil beim Kampf ums Überleben oder um eine effiziente Fortpflanzung führen.

DANN WÄRE JA DER MENSCH NICHT DIE KRONE DER SCHÖPFUNG, SONDERN EIN WEITERENTWICKELTER ABSCHREIBEFEHLER.

Ja, und es ist erstaunlich, dass er sich überhaupt entwickeln konnte, denn bemerkenswert ist, dass die Genauigkeit der biologischen Prozesse extrem hoch ist, etwa so groß, wie wenn jemand 100 Bücher mit je 300 Seiten abschriebe und dabei nur bei einem einzigen Buchstaben einen Fehler machen würde.

Durch diese Verdoppelung der DNA trägt jedes Lebewesen die „Geschichte seiner Entstehung" in sich, nicht nur die seiner unmittelbaren Eltern, sondern aller vorangegangenen Generationen. Mehr noch, diese „aufgezeichnete Geschichte" hat auch zur Folge, dass für das Leben eigentlich ungünstige Entwicklungen nicht mehr rückgängig gemacht werden können, wenn sie sich erst einmal durchgesetzt haben. So wird es wohl niemals Vögel mit Armen und Beinen geben, weil sich die Natur einmal für höchstens vier Gliedmaße entschieden hat.

SOLL ICH MAL?

Nein, nein, greif DU da jetzt besser nicht auch noch ein! DU bringst sonst unser naturwissenschaftliches Weltbild

„Abgestammt von den Affen! Meine Güte, lass uns hoffen, dass es nicht wahr ist, aber falls doch, lass uns beten, daß es nicht allgemein bekannt wird."

(Ehefrau des Bischofs von Worchester)

durcheinander. Vor der Erforschung der molekularen Vorgänge bei der Zellvermehrung konnten die Evolutionstheoretiker ihren „Stammbaum des Lebens" – das ist ihr Bild, mit dem sie die Entwicklungsstufen des Lebens beschreiben – nur durch Beobachtungen der Tierwelt und passende Zuordnung von Fossilien aufstellen. Dass heute die Ergebnisse der DNA-Untersuchungen zumeist gut in diesen Stammbaum passen, sehen die Forscher als einen der stärksten Beweise für die Richtigkeit der Evolutionstheorie an.

Eines der größten Probleme der Evolutionstheorie ist, dass sie die Entstehung des Lebens nicht erklären kann. Das liegt nun nicht daran, dass das Leben nicht durch naturwissenschaftlich erklärbare Prozesse entstanden sein kann, sondern dass es sich nicht um einen evolutionären Vorgang gehandelt haben kann, denn der geht von Reproduktion und Auslese aus und wo nichts reproduziert wird, kann es auch keine Auslese geben. Darwin schrieb deshalb auch den berühmten Satz: „Ich könnte aus einer Analogie schließen, dass wahrscheinlich alle Wesen, die jemals auf dieser Erde gelebt haben, von einer ursprünglichen Form abstammen, in die das Leben zuerst eingehaucht worden ist."

EINGEHAUCHT HEISST WOHL, DASS ICH ES EINGEHAUCHT HABE, ODER NICHT?

Das klingt so, allerdings darf man nicht davon ausgehen, dass Darwin selbst, als er diesen vorsichtigen Satz geschrieben hat, noch an DICH geglaubt hat. Sein Glaube ist ihm, wie er es selbst formuliert „im Laufe der Jahre abhanden gekommen". Später formulierte er auch, das Leben sei „aus einem kleinen warmen Teich" gekrochen. Er gibt damit zu – und das war ihm sehr bewusst – dass er nicht sagen konnte, wie das Leben letztlich entstanden ist.

Was könnte denn dieser kleine warme Teich gewesen sein? Die Biologen gehen heute davon aus, dass die Zusammensetzung der Erdatmosphäre vor über 3,5 Mrd. Jahren so war, dass Leben entstehen konnte. 1953 führten Stanley Miller und Harold C. Urey ein berühmtes Experiment durch. Sie mixten alle möglichen anorganischen Stoffe (Wasser, Ammoniak, Wasserstoff, Methan), von denen sie annahmen, dass sie zur Zeit der Entstehung des Lebens die Atomsphäre füllten, zusammen und füllten sie in einen Glaskolben. Dann legten sie eine starke Spannung zwischen zwei Drähte und ließen es einige Wochen lang kräftig blitzen. Brauten so also ein heftiges Gewitter in der Ursuppe zusammen. Tatsächlich entstanden komplexere organische Verbindungen wie Aminosäuren und niedere Carbon- und Fettsäuren. In späteren, meist komplizierter aufgebauten Ursuppenversuchen konnten sowohl alle wesentlichen Bausteine der Lebewesen, Aminosäuren, Lipide, Purine (Nucleotidbasen) und Zucker, als auch die komplizierten organischen Verbindungen Porphyrine und Isoprene erzeugt werden. Dies mag beeindruckend sein, doch es fehlt leider immer noch der entscheidende Schritt, dass sich die wesentlichen Bausteine für Leben wirklich zum Leben, zu sich selbst reproduzierenden Formen zusammensetzen. Erst dann funktioniert, wie gesagt, Darwins evolutionärer Prozess. Wie das Leben entstanden ist, bleibt deshalb bis auf Weiteres eine nicht schlüssig beantwortete Frage.

Kreationismus und Intelligent Design

Wie schon am Anfang dieses Buches erwähnt, wurde die Welt am 23. Oktober 4004 vor Christus erschaffen. Wie um Gottes Willen kommen die Kreationisten nun darauf?

JETZT LASS BITTE MICH HIER AUS DEM SPIEL!

Entschuldige bitte! Du kannst wirklich nichts dafür. James Ussher (1581–1656) war anglikanischer Erzbischof des katholischen Irland. Weil das auch damals schon ein gefährlicher Beruf war, verbrachte er den Großteil seines Lebens in seinem Exil in London und hatte viel Zeit. Er nutzte sie zu intensiven Bibelstudien und las historische Aufzeichnungen anderer Völker, um das Alter der Erde zu bestimmen.

Folgende Daten konnte er dazu heranziehen: Die Lebensspannen der ersten Menschen und vieler Könige stehen ausdrücklich in der Bibel, bestimmte historische Ereignisse, etwa das babylonische Exil, konnte er im Vergleich mit den Texten anderer Völker festmachen, so kam es zur Jahreszahl 4004 v. Chr. Auch die Größenordnung stimmte, weil viele damals der Ansicht waren, dass man sich in einer Endzeit befinde und da für Gott „1000 Jahre wie ein Tag" waren,

„Sie glauben nur so lange, dass Ihr Entwurf perfekt ist, bis Sie ihn jemand anderem gezeigt haben."
(Eberhardt Rechtin/Mark Maier, The Art of Systems Architecting, 1997)

konnte man bald (nach 6000 Jahren) die Apokalypse erwarten. Zum 23. Oktober kam er, weil die Schöpfung im Herbst gewesen sein musste, schließlich waren die Äpfel reif und die Nacht genauso lang wie der Tag, und ein Sonntag muss es gewesen sein, weil er ja am siebten Tag, dem Sabbat (Samstag) ruhte.

Dies alles kann man heute mit einem Schmunzeln erzählen, doch sollte man nicht vergessen, dass Ussher im 17. Jahrhundert mit seinen Anstrengungen durchaus versucht hat, seinen Glauben auf eine wissenschaftliche Grundlage zu stellen.

Lachen heute wirklich alle über diese Daten? Keineswegs! Wenn sie auch in Deutschland noch eine unbedeutende Randgruppe sind, in den USA gibt es einen hohen Prozentsatz an Menschen, die derartige Zahlen für die historische Wahrheit nehmen. Diese Kreationisten vertreten die Ansicht, dass die Inhalte der Bibel eins zu eins wörtlich zu glauben sind. Insofern stellt für sie die Bibel nicht nur ein Buch des Glaubens, sondern ein naturwissenschaftliches Grundlagenwerk dar, an dem nicht gezweifelt werden darf. Kreationisten glauben folglich an die Schöpfung der Welt in sechs Tagen. Die unmittelbare Erschaffung des Menschen durch Gott als sein Abbild und die Krone der Schöpfung.

FÜR DEMOKRATISCHE LEUTE WIE EUCH IST DIE VERWENDUNG DES WORTES KRONE SCHON ERSTAUNLICH.

Der Begriff geht schon auf Aristoteles zurück, der in seinen *Scalae Naturae* schrieb, dass sich der Mensch als die Krönung der Schöpfung auf die oberste Stelle des Systems stellte. Heute wird die Formulierung aber meist nur noch ironisch gebraucht. Nicht aber von den Kreationisten, denn sie sehen sich durch DICH durchaus auf eine übergeordnete Stufe gestellt.

Kreationisten haben es nicht leicht, denn sie müssen sich von naturwissenschaftlich interessierten Menschen natürlich allerlei Fragen gefallen lassen. In Erklärungsnöte kommen sie dabei kaum. So vertreten die Extremsten von ihnen zum Beispiel die Ansicht, dass es vor der Sintflut nicht geregnet habe, denn erst nach diesem Großreinemachen habe Gott den Regenbogen an den Himmel gesetzt – und wie wir alle wissen, treten Regenbögen immer dann auf, wenn es regnet und die Sonne scheint.

Die ärgsten Schlachten liefern sich die Kreationisten mit den Verfechtern von Darwins Evolutionstheorie. Christoph Schrader fasst in seinem Buch *Darwins Werk und Gottes Beitrag* die Thesen der Kreationisten im Kampf gegen die Naturwissenschaften sehr übersichtlich zusammen. Ich zitiere dies im Folgenden zusammenfassend:

Die Erde ist jünger als 10.000 Jahre. Geologische Formationen sind durch die Sintflut vor 4500 Jahren entstanden. Dabei sind auch alle Tiere ausgestorben, deren Reste wir jetzt in den Gesteinsschichten finden. Physikalische Konstanten, wie die Zerfallsrate radioaktiver Elemente oder die Lichtgeschwindigkeit, hatten früher andere Werte und eignen sich nicht, um Zeiträume zu bestimmen, wie es Naturwissenschaftler mit der Radiokarbonmethode oder bei astronomischen Messungen tun. Das Universum ist von Gott so geschaffen, dass es ein hohes Alter vermittelt.

Viele Argumente der Kreationisten beziehen gegen die Evolution Stellung. So glauben sie, dass Mutationen zu selten vorkommen, um zu Leben oder gar zum Menschen führen zu können. Sie führen auch Beobachtungen und etablierte physikalische Gesetze ins Feld, die ihre Ansichten untermauern. So gibt es eine Fossilienfundstätte, an der Dinosaurierspuren neben menschlichen Fußabdrücken zu sein scheinen. Und der zweite Hauptsatz der Thermodynamik verbiete eigentlich die Entwicklung von Leben, weil er einen ungeordneten Zustand (in geschlossenen Systemen) bevorzugt, Leben aber etwas hoch geordnetes ist.

Warum werden all diese Ansichten so vehement vertreten? Die Kreationisten denken, dass, wenn die Bibel in historischen Aussagen nicht richtig ist, auch ihre Heilsversprechen in Frage gestellt werden könnten. Für sie hat also die Bibel als Erkenntnisquelle einen unverhältnismäßig hohen Stellenwert. Wer andererseits auf seine eigenen mystischen Erfahrungen oder auch „nur" auf die Autorität einer Kirchengemeinschaft baut, sollte eigentlich keinen Grund haben, kreationistisch zu denken.

Wenn es nach den Extremisten unter den Evolutionstheoretikern geht, gehören die Anhänger der gemäßigten Intelligent-Design-Philosophie, die der Ansicht sind, dass ein „intelligenter Designer" die Evolution steuere, in die gleiche Kiste (und am besten damit begraben). Was die USA betrifft, mag für diese schnelle Verurteilung vieles sprechen, vor allem historische Gründe und die Art, wie beide Gruppen Politik, vor allem Schulpolitik betreiben. Sowohl Kreationisten als auch Anhänger des Intelligent Design möchten verhindern, dass ausschließlich die Evolutionstheorie im Biologieunterricht gelehrt wird, es soll dort auch die biblische Schöpfungslehre als gleichberechtigtes Modell behandelt werden. Was in einem naturwissenschaftlichen Fach natürlich eine ziemlich abenteuerliche Vorstellung ist.

Hier in Deutschland hat es den Anschein, als sei das weniger ein Thema. Doch der Spiegel hatte im Jahr 2005 einmal die Meinungen der Deutschen zu dieser Frage unter die Lupe genommen und dabei festgestellt, dass, in meinen Augen erstaunlich viele, nämlich 16 Prozent der Ansicht sind, Gott habe die Menschen nach seinem Abbild geschaffen, so wie es in der Bibel steht. Doppelt so viele nehmen an, dass sich die Menschheit zwar über die Jahrmillionen entwickelt, dass aber Gott diesen Prozess gesteuert habe. Dies ist auch die Kernaussage des Intelligent Design.

Dessen Anhänger haben keinerlei Probleme mit dem Verlauf der Entwicklung des Lebens, so wie ihn die Paläontologie nachzeichnet. Die Bildung der Gesteinsschichten über die Jahrmilliarden und selbst der Urknall passen in ihr Weltbild. Sintflut und Wunder Jesu sind für sie primär Gleichnisse oder zumindest für ihre Ansichten irrelevant. Ja, viele Anhänger des Intelligent Design sprechen nicht einmal über Gott. Der intelligente Designer ist für sie eine Ausgangsgröße, mit seinen weiteren Eigenschaften oder seiner Identität solle sich die Theologie befassen.

Dann sehen Sie das naturwissenschaftliche Lehrbuch in mir selbst und nicht mehr in der Bibel?

Wenn Du, Gott, nicht mehr bist als eine große Formelsammlung, dann haben auch die extremsten Naturwissenschaftler keine Probleme mit Deiner Existenz. Doch man darf sich nicht täuschen lassen: Die Anhänger des Intelligent Design haben – ohne das groß an den Nagel zu hängen – alle einen christlichen Hintergrund.

Für jeden, der glaubt, hat die Idee des Intelligent Design sicherlich verlockende Argumente. Die Wissenschaft kann die historische Entwicklung des Lebens schlüssig zeigen, und sie hat auch eine plausible Erklärung für die logischen Abläufe dabei. Kaum ein Wissenschaftler zweifelt daran, dass Darwins natürliche Selektion der Mechanismus war, der zur Weiterentwicklung geführt hat. Doch was spricht eigentlich dagegen, dass ein persönlicher Gott in diese Entwicklung eingegriffen haben könnte? Sie vorausprogrammiert hat? Dem „Zufall" ein wenig nachgeholfen hat? Dass der Mensch der „tiefere Sinn" und das endgültige „Ziel" der von Gott geschaffenen Schöpfung ist?

Selbst die moderne katholische Kirche hat durchaus Probleme, sich bei dem Thema festzulegen. Der „Schülerkreis" von Papst Benedikt befasste sich vom 1. bis 3. September 2006 in Castel Gandolfo ausführlich mit „Schöpfung und Evolution". Tendenziell herrschte dabei eine Stimmung ein wenig gegen die Evolutionstheorie. Und Papst Benedikt XVI. hatte auch schon in der Predigt bei seiner Amtseinführung gesagt: „Wir sind nicht das zufällige und sinnlose Produkt der Evolution. Jeder von uns ist Frucht eines

Gedankens Gottes. Jeder ist gewollt, jeder ist geliebt, jeder ist gebraucht."

War's das dann? Die katholische Kirche auf Kreationistenkurs? Nein, keineswegs, denn die Frage ist ja, was macht mich als Mensch aus? Der Körper oder die Seele? Den gläubigen Menschen fällt dabei die Antwort leicht, und auch der Papst hatte schon 1968, damals noch als Theologieprofessor in Tübingen, in einer Sendereihe des Süddeutschen Rundfunks, zum Thema „Schöpfungsglaube und Evolutionstheorie" gesagt: „Der Lehm war in dem Augenblick zum Menschen geworden, in dem ein Wesen erstmals, wenn auch noch so verschattet, den Gedanken Gott zu bilden vermochte. Das erste Du, das – wie stammelnd auch immer – von Menschenmund zu Gott gesagt wurde, bezeichnet den Augenblick, in dem der Geist auferstanden war in der Welt." Der Geist, die Seele, das ist es, was den katholischen Theologen wichtig ist. Sie verbrennen deshalb längst keine Wissenschaftler mehr als Ketzer, sondern fahren eher vorsichtig auf „Schmusekurs", vielleicht auch, um sich in dem Streit nicht selber die Finger zu verbrennen. Auch die offizielle katholische Kirche vertritt nicht die Ideen des Intelligent Design, wenn auch einzelne Mitglieder der Kurie damit sympathisieren.

Die Anhänger des Intelligent Design kämpfen umso mehr um ihre Anerkennung in der Welt der Wissenschaft. Dazu reicht es nicht, eine alternative Idee zu haben, die unter bestimmten Vorraussetzungen – z. B. der, dass es einen Gott gibt – plausibel ist. Ihre Kollegen aus der „echten Wissenschaft" wollen schlüssige Beweise oder wenigstens plausible Theorien sehen.

Und jetzt muss ich mich gleich wieder einmal wiegen lassen!

Ja genau, ohne ein einziges Argument der Anhänger des Intelligent Design betrachten zu müssen, erkennt man hier sofort den kritischen Punkt. Solange Du eine mit naturwissenschaftlichen Methoden nicht messbare Größe bist, werden Naturwissenschaftler theologische Begründungen niemals akzeptieren.

Andererseits ist natürlich auch Darwins Theorie der natürlichen Selektion hauptsächlich von Plausibilitäten und der Betrachtung von Wahrscheinlichkeiten getragen. Diese Wahrscheinlichkeitsaussagen sind der wichtigste Ansatzpunkt jeder Kritik am Darwinismus. Die Frage „Kann der Mensch durch Zufall entstanden sein?" ist schnell gestellt und jeder denkt bei sich: „Na ja, wäre ja schon etwas ungewöhnlich, also nein, doch wohl kaum."

„Die Wahrscheinlichkeit, dass Leben auf der Erde entsteht, ist nicht größer als die, dass ein Wirbelsturm, der über einen Schrottplatz fegt, rein zufällig eine Boing 747 zusammenbaut."
(Fred Hoyle, 1915–2001)

Dabei fällt man aber auf den Begriff „Zufall" herein, denn Darwins Prinzip stützt sich ja nicht nur auf die „zufällige" Mutation, sondern auch auf die darauf folgende Selektion, sodass nur die erfolgreichen Mutationen überleben können. Evolution und Zufall gleichzusetzen ist also sachlich falsch.

Bei vielen bleibt dennoch das mulmige Gefühl. Vor allem die Frage, ob überhaupt Leben auf der Erde entstehen kann, wird mit sehr unterschiedlichen Werten beantwortet. Dawkins spricht einmal von einer Wahrscheinlichkeit von 1 zu einer Milliarde (vermutlich hält er dies für einen sehr pessimistischen Wert). Der britische Astronom und Mathematiker Fred Hoyle nannte das Verhältnis 1 zu 10 hoch 40.000 (also einer 1 mit 40.000 Nullen!). Dazwischen kann sich jeder einen Wert aussuchen.

Ist dann Richard Dawkins der Ansicht, dass es mich mit einer Wahrscheinlichkeit von 1 Milliarde zu eins gibt?

Nein, wohl kaum, er hat damit nur ausgedrückt, dass wir dadurch, daß es uns gibt, gewissermaßen den Jackpot des Lebens geknackt haben, wie manche eben den Jackpot im Lotto knacken, ziemlich unwahrscheinlich, doch passiert es immer wieder.

Manche Forscher, wie der amerikanische Biochemiker Michael Bethe, haben die Problematik, die in dieser Unwahrscheinlichkeitsargumentation liegt, erkannt und setzen auf ein anderes Prinzip, um die Darwinisten zu widerlegen und andere vom Intelligent Design zu überzeugen. Das Zauberwort heißt „nicht-reduzierbare Komplexität". Bethe meint damit ein System, das nur dann funktioniert, wenn mehrere, gut aufeinander abgestimmte Teile zusammenarbeiten, und wenn sowohl die Einzelteile als auch das Gesamtsystem ausschließlich in dieser Kombination arbeiten können. Sein Lieblingsbeispiel ist eine Mausefalle. Entfernt man den Bügel, der zuschnappt und die Maus erschlägt, dann funktioniert die ganze Falle nicht mehr, und der Bügel allein hat auch seinen Sinn verloren. Ein nicht-reduzierbares komplexes System kann nicht durch kleine, sukzessive Veränderungen eines Vorläufersystems entstehen, weil jeder Vorläufer, dem ein Teil fehlt, nicht funktionieren würde.

> KLAR, WIE SOLL SICH EINE MAUSEFALLE OHNE BÜGEL OHNE MEINE HILFE IM ÜBERLEBENSKAMPF DER MAUSEFALLEN DURCHSETZEN KÖNNEN?

Bethe und seine Mitarbeiter haben eine Vielzahl von biologischen Systemen ausgemacht, die sie für nicht-reduzierbar komplex halten, z. B. die Geißeln von Bakterien, die einen Antrieb, eine Geißel und eine Verbindung dazwischen benötigen. Fehlt eines davon, funktioniert der Antrieb nicht. Das ist – so die Anhänger des Intelligent Design – ein überzeugendes Beispiel für ein nicht-reduzierbar komplexes System und damit ein Beweis dafür, dass ein intelligenter Designer eingegriffen haben muss.

Fast unnötig zu erwähnen, dass sich nach solchen Behauptungen sogleich die Darwinisten an die Arbeit machen, um sich ein Szenario zu überlegen, in dem die Geißeln von Bakterien eben doch durch einen evolutionären Prozess gebildet worden sind. Und natürlich finden sie eine plausible Erklärung.

Die Kreationisten und Anhänger des Intelligent Design freuen sich darüber, denn damit haben sie erreicht, in die wissenschaftliche Diskussion eingebettet zu werden. Ob sie damit allerdings der Theologie einen Dienst erweisen? Wir werden uns erst im übernächsten Abschnitt damit beschäftigen können, denn jede absonderliche Strömung hat eine ebenso abstruse Gegenströmung. Ich nenne sie hier einmal den Dawkinismus.

Dawkinismus

Richard Dawkins wird von Freunden auch „Darwins Rottweiler“ genannt. Er steht damit wohl in enger Verwandtschaft mit dem heutigen Papst Benedikt, der noch als Kardinal Ratzinger in seiner Funktion als Präfekt der römischen Glaubenskongregation der oberste Hüter der katholischen Lehre war, und deshalb von einigen Zeitungen als „Gottes Rottweiler“ bezeichnet wurde. Dawkins hat sich auf die Fahnen geschrieben, Gott aus allen Schöpfungstheorien, vor allem aus der Evolutionstheorie zu eliminieren. Bei seinem Kreuzzug schüttet er gleich das Kind mit dem Bade aus und möchte auch jede Religion als reinen Schwindel entlarven.

In seinem Buch *Der Gotteswahn* setzt er sich schon im Vorwort folgende Ziele: „Dieses Buch will bewusstseinsbildend wirken – unser Bewusstsein schärfen, dass Atheist zu sein ein ... tapferes, großartiges Ziel ist. Man kann als Atheist glücklich, ausgeglichen, moralisch und geistig ausgefüllt sein.“ Und etwas später: „Wenn dieses Buch die von mir beabsichtigte Wirkung hat, werden Leser, die es als religiöse Menschen zur Hand genommen haben, es als Atheisten wieder zuschlagen.“

Er geht dabei davon aus, „dass die ‚Gotteshypothese‘ eine wissenschaftliche Hypothese über das Universum ist, die man genauso skeptisch analysieren sollte, wie jede andere auch.“ Er drückt letztlich damit aus, dass er ausschließlich die naturwissenschaftliche Erkenntnismethode gelten lässt, dass jede Erfahrung sich in messbaren Tatsachen zeigen muss. Eine metaphysische Gotteserfahrung, wie wir sie im Kapitel „Wie erfahre ich Gott?“ (S. 27) geschildert haben, akzeptiert er nicht. Menschen gelangen seiner Ansicht nach hauptsächlich durch „kindliche Indoktrination" zum Glauben und trauen sich meist einfach nicht, sich von den Vorstellungen ihrer Eltern zu lösen oder dies öffentlich zuzugeben.

Was oder wer dieser Gott nun genau ist, darauf legt sich Dawkins in seinem Buch nicht fest. Für ihn ist das ohnehin eher nebensächlich. Wir können davon ausgehen, dass er damit eigentlich jede mit wissenschaftlichen Methoden nicht nachweisbare Existenz meint. Seine Argumente beziehen sich im allgemeinen jedoch auf den kreationistisch angehauchten Schöpfergott und funktionieren auch nur damit.

Hanlons Rasiermesser: „Schreibe nichts der Böswilligkeit zu, was durch Dummheit hinreichend erklärbar ist."

Dawkins geht bei seiner Argumentation tatsächlich wie ein bösartiger Rottweiler vor, der in alle Richtungen beißt. Deshalb bescheinigen ihm auch die wohlmeinendsten Rezensenten seines Buches ein „taktisch nicht geschicktes Vorgehen." So schreibt Ralf Steiner in seiner sonst durchwegs lobenden Rezension „Ein paar Ziegel mehr" für *spektrumdirekt:* „Als Bekehrungsschrift zum Atheismus taugt *Der Gotteswahn* beileibe nicht. Wer vor der Lektüre auf der nach Dawkins Meinung falschen Seite der intellektuellen Brandmauer stand, die Gläubige von Atheisten trennt, wird nach dem Genuß der mehr als 570 Seiten kaum den Standpunkt gewechselt haben. Eher steht zu befürchten, dass ihm die andere Seite noch ein wenig fremder geworden ist."; und weiter: „... bleibt *Der Gotteswahn* auch für Leser, die Dawkins Thesen zustimmen mögen, ein zwiespältiges

Buch. Das liegt zum einen an der Bösartigkeit, mit der der Autor an vielen Stellen über seine Gegner herfällt und die ihn mitunter zu abstrusen Theorien wie dieser verführt: „... sexueller Missbrauch [ist] zweifellos etwas Entsetzliches, aber der dadurch verursachte langfristige psychische Schaden [ist] geringer als der, den eine katholische Erziehung anrichte[t]'."

Vermutlich ist diese Aussage von Dawkins wohl nicht mehr als einer seiner psychologischen Tricks. Wie zum Beispiel auch, dass er immer wieder gläubige Menschen als der intellektuellen Unterschicht zugehörig darstellt. Für den atheistischen Leser ist dies natürlich erfreulich (zu den „Intelligenten" zu gehören), für den, der glaubt, ist es eine Art Druckmittel (willst du wirklich zu den Dummen gehören?). So schreibt Dawkins in seinem Vorwort: „Atheismus ist fast immer ein Zeichen für eine gesunde geistige Unabhängigkeit und sogar für einen gesunden Geist." Die gleiche Masche! Er sagt damit dem Leser: Du bist gläubig? Dann musst du geistesgestört sein! Viel Platz widmet er dem Aufzählen von ungläubigen Naturwissenschaftlern, die gelegentlich als gläubig dargestellt werden (z. B. Albert Einstein).

„Ich versuche nicht, mir einen persönlichen Gott vorzustellen; es reicht aus, wenn man voller Staunen vor dem Aufbau der Welt steht, so weit sie unseren unzureichenden Sinnen gestattet, sie einzuschätzen."
(Albert Einstein, 1879–1955)

All das darf aber nicht darüber hinwegtäuschen, dass sich Dawkins wirklich auch Mühe gibt, viele naturwissenschaftlich interpretierbare Aussagen der Bibel und vor allem die Ansichten der Kreationisten und der Anhänger des

Intelligent Design zu widerlegen. Bethes „nicht-reduzierbar komplexe Systeme" kommen dabei besonders schlecht weg. Wie Dawkins überzeugend schreibt, sind die offenen Fragen ja gerade der wichtigste Antrieb der Wissenschaft. Erklärungen, die letztlich darauf hinauslaufen zu sagen: „Ich verstehe jetzt im Augenblick nicht, wie etwas funktioniert, das muss Gott gemacht haben", müssen auf einen engagierten Wissenschaftler abschreckend, ja haarsträubend wirken.

Aber *Der Gotteswahn* ist nur *ein* Buch, Dawkins nur *ein* Wissenschaftler (wenn auch ein ziemlich lauter). Viele Naturwissenschaftler und wieder einmal viele Journalisten und Medienleute, die Naturwissenschaft an eine breite Öffentlichkeit vermitteln, sympathisieren mit seinen Theorien und vertreten sehr aggressiv die Ansicht, alle Religion sei schädlich und die Welt wäre um einiges besser, wenn es den Glauben an Gott nicht gäbe. Es kommt dann der Satz „Stellen Sie sich eine Welt ohne Religion vor" und darunter das Bild von New York mit den Zwillingstürmen des World Trade Center.

Woher kommt denn diese Abneigung? Was kümmert die Wissenschaftler so etwas Privates wie die Religion? Ist es wirklich der Fanatismus, der sie stört und den es ja sowohl im Christentum als auch in anderen Religionsgemeinschaften gegeben hat und immer wieder gibt. Dann müßte man aber vielleicht auch den Fußball verbieten?

Glaubenskrieg

Die meisten Gläubigen sehen sich ganz und gar nicht in Konflikt mit der Naturwissenschaft; im Gegenteil, sie genießen die vielen Erfolge, vor allem die, die zu Errungenschaften, wie neuen Medikamenten und neuen technischen Geräten, geführt haben. Und auch die Kirche sieht keinerlei Konfliktpotential mehr. Die Zeiten, in denen Menschen als Ketzer verbrannt wurden, weil sie die eine oder andere Meinung geäußert haben, die der von kirchlichen Stellen vertretenen widersprach, sind längst vorbei. Auch Kardinal Ratzinger, der spätere Papst Benedikt, schrieb dazu schon 1986: „Die Enzyklika *Humani generis* vom 12. August 1950 hatte die Frage der Entstehung der einzelnen Arten des Lebendigen der Kompetenz naturwissenschaftlicher Forschung überlassen und lediglich festgehalten, dass jeder Mensch als geistbeseeltes Wesen ein neuer Anfang sei." Also, die Theologie befasst sich mit der Seele, die Naturwissenschaft mit den Objekten der Natur. Wo ist das Problem?

Ich bin der ich bin da!

Ja, wer bist Du denn? Blicken wir doch zum wiederholten Mal zurück auf unsere Festlegung:

Gott ist da. Er hat ein Ich, das für uns zu einem Du werden kann. Er hat Einfluss auf die Welt, ist aber nicht mit naturwissenschaftlichen Methoden messbar. Wir selbst haben eine Seele, die uns ausmacht und die eine Verbindung zu Gott darstellt.

Hier steht genau das weitverbreitete Leitbild, gegen das Naturwissenschaftler Sturm laufen, ja Sturm laufen müssen. Zwei Punkte sind besonders anstößig. Und da steht auch etwas, was in sich selbst einen Widerspruch zum Ausdruck bringt.

Warum hast du es denn dann in diese Festlegung hineingeschrieben?

„Wenn nun auch der Glaube über der Vernunft steht, so kann doch zwischen Glaube und Vernunft niemals ein wirklicher Widerspruch bestehen. Hat doch derselbe Gott, der die Geheimnisse offenbart und den Glauben daran eingießt, der Menschenseele auch das Licht der Vernunft gegeben." (Dei filius, 1. Vatikanisches Konzil, 1870)

Weil es einfach eine Tatsache ist, dass die meisten gläubigen Menschen Gott diese Eigenschaften zuordnen würden; meist noch mehr Eigenschaften, aber diese mindestens!

Er hat Einfluss auf die Welt, ist aber nicht mit naturwissenschaftlichen Methoden messbar. Einfluss auf die Welt, der mit naturwissenschaftlichen Methoden nicht messbar ist. Nein, es ist nicht wirklich ein Widerspruch, aber nur deshalb, weil zur naturwissenschaftlichen Methode die Reproduzierbarkeit gehört. Gottes Einfluss ist sicherlich nicht reproduzierbar. Aber jeder Einfluss auf die Welt letztlich doch messbar.

Ich möchte zuerst ein ganz naives Beispiel bringen. An der Ostküste von Rhodos zwischen Kolymbia und Archangelos gibt es einen Berg mit der kleinen Kirche Tsambika. Frauen, die sich seit langem ein Kind wünschen, denen dieser Wunsch aber unerfüllt blieb, gehen barfuß den beschwerlichen Weg hinauf zur Kirche, verbringen eine Nacht in einem kleinen Nebenraum der Kirche und beten zur Gottesmutter Maria, dass sie ihnen doch ein Kind schenken möge. Geht der Wunsch innerhalb eines Jahres in Erfüllung, so nennen sie ihr Kind Tsambika (bei einem Mädchen) oder Tsambiko (bei einem Jungen). Es gibt auf Rhodos sehr viele Tsambikas und Tsambikos und das Kirchlein ist voller Babywachsbildchen.

Lassen wir einmal Maria als Vermittlerin beiseite, stellen wir uns vor, dass die Frauen zu Gott beten, und betrachten wir dann die Geschichte mit Darwins Augen: Gott hat den Frauen den Kinderwunsch erfüllt. Frauen, die gläubig sind und zu Gott beten, haben also einen evolutionären Vorteil, weil ihnen Gott bei der Fortpflanzung geholfen hat

ICH?

Ja DU und nur DU. Wir sind in unserer Definition von Gott nicht soweit gegangen, aber für die Frauen, die da beten, bist DU es, der für ihr Kind verantwortlich ist, nicht irgendein positiver psychologischer Effekt, nicht die Tatsache, dass sie sich endlich einmal in ihrem Leben sportlich betätigt haben oder was auch immer.

Dieses Beispiel wird also nur wenige Naturwissenschaftler überzeugen können, denn es gibt vermutlich viele naturwissenschaftliche oder psychologische Erklärungen, warum es nach dem Bittgang dann doch plötzlich mit dem Kind geklappt hat, doch darum geht es hier gar nicht. Es geht hier vielmehr um einen konkreten Konflikt zwischen dem Prinzip Glauben und dem Prinzip Naturwissenschaft. Die Gläubige hier denkt keineswegs an irgendwelche physikalischen, biologischen Gesetze. Sie baut eine Beziehung zu Gott auf, sie betet und sie vertraut darauf, dass ihr geholfen wird. Und was kommt dabei heraus?

NA, DASS ICH MICH IN DIE NATÜRLICHE SELEKTION EINMISCHE, GANZ KLAR!

Ja, und damit pfuscht DU dem einzigen, von den Darwinisten anerkannten Wirkungsprinzip ins Handwerk, nämlich der natürlichen Selektion. Denn gerade die Frauen, die keine Kinder bekommen können, sollten ja eher benachteiligt sein. Warum tust DU das nur?

TU ICH DAS DENN?

Tust DU das denn? Berechtigte Frage, denn so stark hatten wir das ja in DEINER Definition gar nicht festgelegt. Einfluss haben heißt ja gar nicht, dass DU alle Wolken wegpustest, wenn ich heute um schönes Wetter für morgen bete. Es steckt hier natürlich die ganz grundsätzliche Frage, ob Gott denn gegen die Naturgesetze verstoßen würde. Von denjenigen, die daran glauben, dass letztlich alles Gottes Schöpfung ist, also auch die Naturgesetze, vertreten einige die Ansicht, dass Gott wohl kaum gegen seine eigenen Gesetze verstoßen könne, denn dann hätte er ja etwas Unvollkommenes geschaffen. Dazu kann man sicherlich stehen wie man will, denn auch in einem zweiten Satz, der auf den ersten Blick viel weniger kritisch zu sein scheint, steckt eine Kriegserklärung der Theologie an die Naturwissenschaft.

Wir selbst haben eine Seele, die uns ausmacht und die eine Verbindung zu Gott darstellt.

Wir erinnern uns: auch die Seele war ein metaphysisches Objekt, also mit naturwissenschaftlichen Methoden nicht nachweisbar. Und schon haben wir wieder einen Konflikt, denn die Seele muss ja irgendwie in Verbindung mit unserem Körper stehen. Wären beide vollkommen isoliert, wäre unsere Seele nichts als Zuschauer – ein bißchen wenig für ein Medium Gottes.

Es gibt einige Wissenschaftler, die behaupten, die Tatsache, dass physikalische Zustände auf einer subatomaren Ebene nicht determiniert sind, sondern einer Wahrscheinlichkeitsverteilung folgen, würde es erlauben, dass Gott unsere Gedanken beeinflussen könnte. Folgen wir nun einmal – nur für das Gedankenexperiment – dieser Idee.

Stellen Sie sich vor, ein Mann in der Schweiz hätte im Jahr 1904 eine Erfindung gemacht. Er geht also damit in Zürich auf das Schweizer Patentamt, um diese Erfindung anzumelden. Der Beamte dort – er hat einen dunklen Schnauzbart und einen Dackelblick – steht auf, zieht mit einem Griff einen Ordner aus dem Regal hinter sich und fängt an, darin zu blättern. Dann legt er dem Erfinder eine Zeichnung vor und zeigt ihm, dass genau diese Erfindung schon vor einem Jahr zum Patent angemeldet worden ist. Pech? Nein! Es ist ärgerlich für den Erfinder. Wie kann es so etwas geben? Er hatte soviel Zeit in diese Idee gesteckt, und nun lehnt dieser sture Beamte seine tolle Erfindung ab. Der Erfinder sieht auf dem Schreibtisch einen Brieföffner in Form eines Messers liegen, er hat einen schönen festen Hirschhorngriff. Er packt dieses Messer und stößt es dem Beamten in den Hals. Das Blut spritzt über sein Namensschild – „Albert Einstein" steht darauf – tropft auf einige handgeschriebene Zettel, die ersten Entwürfe der speziellen Relativitätstheorie (Die Putzfrau wird alles nach Ende der polizeilichen Ermittlungen in den Papierkorb werfen.) – und Einstein stirbt innerhalb weniger Minuten.

> JETZT HÖR ABER BITTE AUF! DU SCHREIBST HIER EIN SACHBUCH, KEINEN KRIMI!

Na gut: Nehmen wir aber an, dass Einstein tot ist. Ein Jahr bevor er seine Arbeiten zur Relativität, zum lichtelektrischen Effekt und zur Brown'schen Molekularbewegung veröffentlichen konnte. Da er nicht in eine Forschergruppe eingebunden war und auch sonst bis dahin so gut wie keine Kontakte zur wissenschaftlichen Gemeinschaft hatte, ist alles verloren. Keine spezielle Relativitätstheorie, also auch nicht später die allgemeine Relativitätstheorie mit der berühmten Formel $E = mc^2$.

> UND DAS HEISST?

Das heißt, keine Umwandlung von Masse in Energie, also keine Kernenergie, die Atombomben auf Hiroshima und Nagasaki hätte es nicht gegeben. Der kalte Krieg wäre ganz anders verlaufen. Über die Atomkraft würden wir uns heute nicht streiten – und wenn alles doch erfunden und entwickelt geworden wäre, dann hätte es noch einige Zeit gedauert, eben bis ein Kopf wie Einstein auf die gleichen Ideen gekommen wäre.

Aber halt! Wir machen ja ein Gedankenexperiment. Also spulen wir den Film noch einmal einige Augenblicke zurück! Einstein steht auf, zieht mit einem Griff einen Ordner aus dem Regal hinter sich und fängt an, darin zu blättern. Dann legt er dem Erfinder eine Zeichnung vor und zeigt ihm, dass genau diese Erfindung schon vor einem Jahr zum Patent angemeldet worden ist. Pech? Nein! Es ist ärgerlich für den Erfinder. Wie kann es so etwas geben? Er hatte soviel Zeit in diese Idee gesteckt und nun lehnt dieser sture Beamte seine tolle Erfindung ab. Der Erfinder sieht auf Einsteins Schreibtisch einen Brieföffner in Form eines Messers liegen, er hat einen schönen festen Hirschhorngriff. Er packt dieses Messer und – da mischt sich Gott ein.

> ICH SCHICKE MEINEN ENGEL WIE DAMALS BEI ABRAHAM UND ISAAC AUF DEM BERG IM LAND MORIJA. UND DER ENGEL PACKT DIE HAND DES ERFINDERS, UM EINSTEIN ZU RETTEN.

Nein, diesmal gehst DU ganz anders, ganz quasinaturwissenschaftlich vor. Wir sagten ja, dass die quantenmechanische Unschärfe es DIR vielleicht erlauben könnte, die Position des einen oder anderen Elektrons zu verändern. Und wir zitierten unsere Definition, dass der Mensch eine Seele habe, die eine Verbindung zu DIR herstellt. Also gut, jetzt meldet sich, auf DEINE Veranlassung hin diese Seele, das Gewissen (es soll hier einmal synonym verwendet werden). Und aufgrund DEINER Einmischung bemerkt der Erfinder, was er da gerade hat Schreckliches tun wollen. Er lässt den Brieföffner wieder fallen und bricht weinend zusammen. „Aber ich hatte doch soviel Arbeit in diese Idee gesteckt", schluchzt er. Albert Einstein nimmt ihn in den Arm, bietet ihm einen Kaffee an und schaut sich zusammen mit ihm noch einmal die Blätter mit der Dokumentation der Erfindung an. Und natürlich hat Einstein eine geniale Idee – davon hat er zu dieser Zeit genug –, und er macht einige Vorschläge, und der Erfinder arbeitet seinen Entwurf um, und bald schon hatte er sein Patent, das ihn später sehr reich machen würde. Alles war gut und die Atombomben konnten fallen, der kalte Krieg kommen, und hoffentlich wird das letzte Atomkraftwerk in Deutschland bald abgeschaltet.

Moment, Moment! War das unser Thema?

Nein, eigentlich nicht. Aber was haben wir denn jetzt? Da ist zum einen die Überzeugung vieler christlicher Menschen, dass Theologie und Naturwissenschaft zwei vollkommen unterschiedliche Gebiete sind, die sich nicht in die Quere kommen und friedlich nebeneinander existieren könnten.

Wir haben es außerdem geschafft, dass sich Gott in den Lauf der Welt einmischt, ohne dabei naturwissenschaftliche Gesetze zu verletzen, indem er einen nicht voll deterministisch festgelegten, quantenmechanischen Zustand ausnutzt – verzichten wir hier auf die Frage, ob das naturwissenschaftlich möglich ist oder nicht, denn die Antworten, die man darauf finden kann, sind letztlich nichts mehr als Meinungen. Vermutlich wird niemand bestreiten, dass diese Einmischung messbare Auswirkungen gehabt hätte, und wenn doch, so mögen ihn die Seelen der 265.000 Toten von Hiroshima und Nagasaki verfolgen!

Wir müssen gar nicht so drastisch werden, aber hier ist wieder der Punkt, warum Naturwissenschaftler bisher nicht friedlich neben der Religion koexistieren können. Es ist dabei vollkommen unerheblich, ob ein metaphysisches Wesen ein sofort als solches erkennbares Wunder tut oder ob es sich im Rahmen der physikalischen Gesetze einmischt. Die Einmischung produziert einen neuen Zustand, für den es keine naturwissenschaftlichen Gründe gibt. Es könnte also einem Physiker jederzeit passieren, dass er den Urknall erforscht und zu tollen Ergebnissen kommt, dass aber seine Messwerte nicht durch physikalische Gesetze zustande kommen, sondern weil Gott den Verlauf der Experimente entsprechend beeinflusst hat. Und das Schlimme daran ist, dass Gott die Möglichkeit hat, die Experimente der konkurrierenden Forschergruppe nicht zu beeinflussen. Die Ergebnisse der Messungen sind also nicht reproduzierbar. Sollte sich darüber ein Naturwissenschaftler nicht ärgern?

> ABER WARUM SOLLTE ICH DENN NUR DIE MESSUNGEN VON EINEM EINZELNEN BEEINFLUSSEN UND DIE ANDEREN NICHT?

Wenn DU alle beeinflusst, gibst DU ein physikalisches Gesetz vor. Dann bist DU wieder nicht mehr als der Gott Stephen Hawkings, der das Zusammenwirken aller Naturgesetze als das Göttliche ansieht. Und es geht ja hier immer auch um das ICH, das DU bist, das zum Du werden kann, also um die persönliche Beziehung eines einzelnen zu DIR. Jede Beeinflussung eines Individuums, ja, jede Wechselwirkung eines Individuums mit einem metaphysischen, also mit naturwissenschaftlichen Methoden nicht nachweisbarem Wesen ist eine *physikalische* Größe, die Theologen nicht wegdiskutieren und Naturwissenschaftler nicht akzeptieren können. Ein Schmusekurs zwischen den beiden ist, wenn man nicht mehr als die beiden Erkenntnismöglichkeiten, Theologie und Wissenschaft, betrachtet, nicht vertretbar.

UND WER HAT NUN RECHT?

Ich persönlich würde DIR nur ungern widersprechen und DIR auch nicht die Existenz absprechen (wo wir so gemütlich zusammen hinter der PC-Tastatur sitzen). Aber der gläubige Naturwissenschaftler müßte eigentlich schon ziemlich ratlos sein und auf Dawkins Beschimpfungen („Wie kannst Du nur?!") den Kopf einziehen.

WIR SPRECHEN IN BILDERN

Ich selbst möchte jedoch erhobenen Hauptes sitzen bleiben und auf einen Begriff zurückkommen, den Naturwissenschaftler fürchten wie der Teufel das Weihwasser.

DER TEUFEL DARF ABER JETZT NICHT AUCH NOCH MIT AN DIE TASTATUR!

„Das Gegenteil einer richtigen Aussage ist eine falsche Aussage. Aber das Gegenteil einer grundlegenden Wahrheit könnte gut eine andere grundlegende Wahrheit sein." (Niels Bohr, 1885–1962)

Nein, nein, nur wir beide. Doch im Kapitel „Was will Religion" habe ich geschrieben *„Der Mensch sucht nach nichts Geringerem als nach der Wahrheit"* und *„Den gläubigen Menschen liefert der Glaube tiefergehende Erkenntnisse der Wirklichkeit als die Wissenschaft. Er gibt Antworten, wo die Wissenschaft nicht sucht oder leugnet, dass die Einsichten der Religion etwas mit der Wirklichkeit zu tun haben."*

Wir müssen uns, bevor wir uns tiefer damit beschäftigen, natürlich noch einmal kurz mit diesem schwierigen Begriff beschäftigen. Heute ist es nicht mehr so einfach, mit Philosophen über den Begriff „Wahrheit" zu sprechen. Es gibt mehrere Schulen, die diesen Begriff unterschiedlich auslegen, und eine genauere Erörterung würde sicherlich den Rahmen unseres Buches sprengen. Ich möchte deshalb das unter Wahrheit verstehen, was schon Aristoteles, Thomas von Aquin und Kant, die sich alle damit beschäftigten, unter Wahrheit verstanden haben, nämlich Übereinstimmung mit der Wirklichkeit.

Ganz wichtig: Die Naturwissenschaft sucht nicht nach Wahrheit. Dieser Begriff gehört ins Reich der Philosophie und der Theologie. Naturwissenschaften entwickeln Modelle und Theorien, die jederzeit überarbeitet werden können. Eine Theorie darf per Definition nichts Endgültiges sein, und erst dann wäre sie Wahrheit. Eine Theorie kann zu einem bestimmten Zeitpunkt die bestmögliche Beschreibung der Wirklichkeit sein, sie bleibt dennoch stets offen für Veränderungen. Eine „wahre Theorie" wäre nicht mehr falsifizierbar und würde demnach einer der elementarsten Anforderungen an die naturwissenschaftliche Methode widersprechen.

Damit soll aber keinesfalls der Eindruck erweckt werden, eine naturwissenschaftliche Theorie könne nur falsch sein oder Naturwissenschaftler erzählten Lügen. Natürlich möchten auch Naturwissenschaftler die Welt beschreiben, kein Zweifel, doch für sie sind die Konsistenz und Stimmigkeit, eventuell sogar die Schönheit ihrer Theorien die entscheidenden Kriterien; Wahrheit dagegen ist einfach kein naturwissenschaftlicher Begriff.

ÄHM, ENTSCHULDIGE MAL!

Ja? Was ist?

Könntest du bitte auf dem Boden bleiben? Geht es im Rest des Buches nur noch um Begriffe? Dann mache ich nicht mehr mit.

Nein, nein, verlass mich nicht! Nicht jetzt, wo ich zum Kernpunkt meines Buches komme. Wie kann denn ein gläubiger Mensch Naturwissenschaftler sein oder umgekehrt, wenn beide doch einen unversöhnlichen Widerspruch in sich bergen?

Ja, und wie?

Weil beide die Wahrheit nur über eine Bildersprache vermitteln. Wir wissen längst, dass die Bibel oft in Gleichnissen spricht, dass aber auch die Naturwissenschaft die Natur nur in Analogien und Bildern beschreibt, die sich oft genug widersprechen und nur in ihrer Gesamtheit ein einheitliches Bild ergeben, das ist den wenigsten wirklich bewusst. In den nächsten Kapiteln werde ich dies im Detail mit vielen Beispielen aufzeigen.

Die Bilder der Religion

Ursprünglich hatten Bilder in der Religion eine wesentlich andere Bedeutung als heute. Wir können davon ausgehen, dass die Menschen in den vorchristlichen Jahrhunderten und Jahrtausenden die Bilder ihrer Götter selbst anbeteten. Der in der Bibel beschriebene Tanz um das goldene

Kalb verdeutlicht den Zwiespalt, in dem sich die Juden befanden. Sie hatten nicht nur bloß einen einzigen Gott, er war zudem auch noch überhaupt nicht greifbar, so wie es die Götter der umliegenden Stämme und Völker waren.

ABER ICH HATTE MICH DOCH OFT GENUG GEZEIGT, ETWA IN DEM BRENNENDEN DORNBUSCH.

Geht hier nicht schon die Bildersprache der Bibel an? Hat Moses damit eine unmittelbare Gotteserfahrung ausdrükken wollen, für die er keine anderen Worte hatte?

DABEI HATTE ICH IHM VERBOTEN, SICH EIN BILDNIS ZU MACHEN.

Das Bilderverbot, sagen die Theologen, bezog sich historisch allerdings mehr auf die Götzenbilder, wie eben das goldene Kalb, es sollte verhindern, dass die Juden auch noch zu anderen Göttern beten. In Exodus 20,2–17 heißt es: „Du sollst neben mir keine anderen Götter haben. Du sollst dir kein Gottesbild machen und keine Darstellung von irgendetwas am Himmel droben, auf der Erde unten oder im Wasser unter der Erde." Neben dieser Abgrenzung zu anderen Religionen verdeutlicht das Bilderverbot aber auch, dass sich die Menschen damals bewusst waren, wie ungenügend derartige Abbildungen Gottes die Wirklichkeit Gottes wiedergeben können. Überspitzt formuliert könnte man es als wissenschaftlichen Ansatz begreifen: Erstelle kein Modell von etwas, das du nicht verifizieren oder falsifizieren kannst! Die monotheistischen Religionen erkennen zwar, dass Gott sich ihnen offenbart, doch die Form ist nicht einheitlich – ein Naturwissenschaftler würde sagen „nicht reproduzierbar" und damit ist jede Festlegung irreführend. Andererseits gibt es natürlich trotzdem „quasibildliche" Hinweise auf Gott. So wird von vielen Theologen die Schöpfung als eine Art Abbild Gottes gesehen. Wir finden Gottes Wirken und seine Spuren in der Natur und natürlich auch im Menschen, der ja als Abbild Gottes bezeichnet wird, was auch immer das genau heißen mag. Und die Christen sehen in Jesus den Sohn Gottes und damit dessen ultimative Selbstmitteilung. Das Bilderverbot hat also nach allen Seiten Löcher. Und die christliche Religion hat es als einzige der drei monotheistischen Religionen auch längst aufgegeben, das Bilderverbot aufrechtzuerhalten. Schon früher, als viele Menschen nicht lesen und schreiben konnten, waren die religiösen Freskos eine Art Comic an Kirchenwänden und eine wichtige Art der Religionsvermittlung.

Die größten Abweichungen findet man allerdings in der sprachlichen Darstellung. Da sich der monotheistische Gott in der Heiligen Schrift offenbart hat, betrifft das Bilderverbot nur gegenständliche Abbilder Gottes, also Skulpturen und Gemälde, nicht jedoch sprachliche Bilder wie Metaphern, Vergleiche und Gleichnisse. Die Bibel ist voll davon, nicht nur das Alte, sondern gerade das Neue Testament.

Wir haben bereits gehört, dass die Kreationisten die Sprach- und Bildwelt der Bibel sehr eng auslegen. Sie sehen die Sintflut als ein historisches Ereignis an. Doch auch diese extremen Fundamentalisten müssen zugeben, dass

Jesus oft in Gleichnissen gesprochen hat. Die Evangelisten kennzeichnen diese deutlich mit einleitenden Sätzen wie „... und er erzählte ihnen folgendes Gleichnis" und dann kommt die Geschichte vom barmherzigen Samariter, vom Sämann oder dem verlorenen Sohn. Ähnlich sind Formulierungen wie: „Ich bin der Weg, die Wahrheit und das Leben ..." Jesus hat das nicht als Aufforderung verstanden, ab nun auf ihm herumzutrampeln. Es sind ganz eindeutig Metaphern, aus denen heute jeder herausliest, was er für richtig hält und bei denen sich höchstens die katholische Kirche festlegt, wie sie nun genau zu verstehen sind.

Schwieriger wird es mit den „Wundern". Hat Jesus wirklich 10.000 Menschen mit einigen Broten und Fischen ernährt oder hieß das nur: Wenn alle zusammenlegen und teilen, reicht es für alle? Hat er wirklich Blinde sehend gemacht, oder hatten sie sich bisher nur der Wahrheit verschlossen und er hat sie dazu gebracht, die Wahrheit, etwa die Existenz Gottes, oder die Wahrheit über sich selbst zu erkennen? Es gibt hier auch in Theologenkreisen nicht die von allen akzeptierte Meinung, doch dies ist auch unerheblich, da jeder aus beiden Möglichkeiten etwas für seinen Glauben herausziehen kann.

„Nichts ist zu wunderbar, um wahr zu sein, wenn es nur die Naturgesetze zulassen." (Michael Faraday, 1791–1867)

Noch schwieriger wird es natürlich bei Fragen wie Jesu Tod und Auferstehung und seiner Göttlichkeit. Für viele gläubige Christen sind das zentrale, nicht bildliche Wahrheiten, für andere aber Gründe, den christlichen Glauben vollständig abzulehnen.

Wer die Bibel liest oder sich über Religionen unterhält, dem ist der Umgang mit solchen sprachbildlichen Darstellungen vertraut.

ER HAT AUCH GAR KEINE ANDERE MÖGLICHKEIT.

Ja, denn DU lässt DICH nicht nur nicht wiegen, sondern auch nicht fotografieren. Doch für den gläubigen Menschen ist das gut so. Denn während das Erstellen einer Theorie aufgrund von Messungen zwar prinzipiell ein offener, nie abgeschlossener Vorgang ist, kann der Inhalt der Theorie in einer relativ kurzen Zeit erfasst, verstanden und abgehakt werden. Bei Fragen des Glaubens ist das anders. Ein Glaubender liest und interpretiert religiöse Texte sehr stark nach seiner augenblicklichen Lebenssituation. Während ein Mensch in jungen Jahren über den einen Satz hinwegliest und sich von dem anderen angesprochen fühlt, kann er das, wenn er älter ist genau entgegengesetzt empfinden. Die Beschäftigung mit Glaubensfragen ist also etwas sehr Situationsbezogenes und im Ergebnis Offenes. Es geht über das „Bibelpicking" weit hinaus. Die Gleichnissprache ermöglicht hier eine Vielfalt, die eine naturwissenschaftliche Interpretation nie bieten könnte. Und genau das macht die Beschäftigung mit Religion für viele Menschen auch eben wertvoll.

Die Bilder der Physik

„Es ist grob unzulässig und falsch, unsere Wahrnehmung der Wirklichkeit mit der Wirklichkeit schlechthin gleichzusetzen. Genau dies passiert jedoch, wenn wir wissenschaftliche Erkenntnis als allumfassend und unbeschränkt gültig betrachten."
(Hans-Peter Dürr, geb. 1929)

Wenn man nun von großen Begriffen wie „Wahrheit" als Übereinstimmung mit der Wirklichkeit spricht, kommt man leicht auf eine allzu einfache Schiene. Es ist ganz klar, sobald man den Mund öffnet und Sprache benutzt, beschreibt man die Wirklichkeit. Dann ist Wirklichkeit nicht mehr Wirklichkeit, sondern eben Sprache. Man bekommt automatisch eine „Abbildung" eines Gegenstandes auf einen Begriff und umgekehrt. Insofern ist das Wort auch „Auto" nur ein Gleichnis für den Gegenstand Auto.

Ich möchte betonen, dass es im Folgenden um diese Problematik nicht gehen soll. Das Wort „Auto" soll also als eindeutige Zuordnung (oder Abbildung) des Gegenstands in die Sprache ohne weitere Diskussionen akzeptiert werden.

Doch in der Physik geht es noch um etwas ganz anderes: Die Wissenschaftler untersuchen die Natur auf Maßstäben, die wir uns nicht mehr vorstellen können. Ich bin 1,80 groß, gut. Ein Schwimmbad ist 25 Meter lang, gut. In einer Stunde gehe ich etwa fünf Kilometer weit, auch das geht gerade noch. Die Erde hat einen Umfang von 40.000 Kilometern, na ja, weil wir mit 100 Kilometern pro Stunde autofahren und ein Flugzeug zehnmal so schnell ist, können wir auch von dieser Distanz noch eine Ahnung haben. Aber die Sonne ist 150 Millionen Kilometer entfernt, und das ist jenseits aller Vorstellbarkeit. Es ist nur noch „sehr weit", und der Unterschied zu den 78 Milliarden Lichtjahren, die die entferntesten Bereiche des Universums von uns entfernt sind, ist nicht mehr erfassbar.

EUER HORIZONT IST EBEN NIE BESONDERS WEIT ÜBER DEN KLEINEN WARMEN TEICH GEWACHSEN.

Es geht aber nicht nur um die Größe. Auch die andere Richtung macht unserer Vorstellung Probleme. Ein Millimeter ist die kleinste Unterteilung auf einem Lineal, Die menschliche Eizelle ist mit einem Durchmesser von 0,11 bis 0,14 Millimeter mit dem bloßen Auge gerade noch sichtbar. Ein Atom ist nur noch 100 Milliardstel Millimeter groß, noch zehn bis hunderttausendmal kleiner ist der Atomkern. Diese Größenordnungen können nur anschaulich gemacht werden, wenn wir einen entsprechenden Maßstab anlegen, Vergleiche ziehen wie die eines Stecknadelkopfes für den Kern und einer zehn bis hundert Meter großen Luftballonhülle für die äußere Schale des Atoms.

All das hilft jedoch immer noch nicht, denn auf diesen gigantischen und ultrakleinen Maßstäben passieren Dinge, die jenseits unserer Vorstellung liegen: die Raumzeit dehnt sich aus, Elementarteilchen werden von der Quantenmechanik beherrscht. Auch die Physiker können sich nichts mehr vorstellen und verwenden deshalb Gleichnisse und Bilder, die nicht eine vergrößerte Abbildung der Wirklichkeit sind, sondern Anschauungsmaterial, das dem interessierten Zuhörer einen Denkanstoß geben kann.

„Die Quantentheorie ist so ein wunderbares Beispiel dafür, dass man einen Sachverhalt in völliger Klarheit verstanden haben kann und gleichzeitig doch weiß, dass man nur in Bildern und Gleichnissen von ihm reden kann."
(Werner Heisenberg, 1901–1976)

Ja, das denken sie, denn sie benutzen einen Trick: Sie verwenden die Mathematik, von der wir ja bereits wissen, dass sie ein verläßliches Werkzeug ist. Sie tun dabei so, als könne man die mathematischen Verfahren einfach auf die Natur übertragen. Dadurch erzeugen sie scheinbare Wahrheiten. Doch dahinter stecken viele Absurditäten, die jedoch von den Wissenschaftlern akzeptiert werden.

Viel wichtiger als die Widersprüche zwischen „gesundem Menschenverstand" und durch die Mathematik gewonnenen Resultaten ist in unserem Zusammenhang jedoch die Frage, wo wir in all diesen Methoden denn die Wahrheit finden können. Stimmen die physikalischen Bilder mit der Wirklichkeit überein oder sind es Allegorien und Gleichnisse? Fördert die mathematische Beschreibung Wahrheit zutage, weil die Ergebnisse eindeutig auf die Wirklichkeit abgebildet werden können? Ist es denn überhaupt gerechtfertigt, mathematische Methoden auf die Natur anzuwenden?

DIE „WAHRHEITEN" DER PHYSIKER

Nun befinden wir uns in einer seltsamen Situation. Eingangs wurde erwähnt, dass es Naturwissenschaftler gibt, die von der Religion fordern, ihren Glauben mit naturwissenschaftlichen Methoden untersuchen zu lassen. Dawkins geht davon aus, „dass die ‚Gotteshypothese' eine wissenschaftliche Hypothese über das Universum ist, die man genauso skeptisch analysieren sollte, wie jede andere auch".

„Quatsch!", sagen die Theologen, „wir reden vom Geist, von der Seele, vom Mystischem, das alles ist mit naturwissenschaftlichen Methoden nicht messbar."

> MEIN GEWICHTIGER BEITRAG IST NICHT MIT EINER WAAGE ZU MESSEN.

Genau, und nun frage ich die Naturwissenschaftler nach der Wahrheit.

> KENNST DU SIE DENN?

Falsche Frage, lieber Gott, denn gerade die offenen Probleme sind es ja, die Naturwissenschaftler und Glaubende zum Weitersuchen animieren. Glaubende suchen nach Wahrheit, doch die Naturwissenschaften sagen: „Quatsch!

Wir suchen Modelle und Theorien, die offen, nachprüfbar und deshalb jederzeit falsifizierbar sind. Wahrheit ist nicht unser Thema."

Und trotzdem frage ich weiter: In welcher Form sind denn eure Ergebnisse auf die Wirklichkeit übertragbar? Es ist qualitativ ein großer Unterschied, ob es sich um ein sprachliches oder mathematisches Bild handelt, das eindeutig einem Objekt in der Realität zugeordnet werden kann, oder um eine Art Gleichnis, aus dem man auf die Realität schließen kann, bei dem die Zuordnung jedoch nicht eindeutig ist. Im Laufe dieses Kapitels werde ich viele Beispiele nennen, die belegen, dass auch Physiker nur – wie Jesus – in Gleichnissen sprechen und sprechen können.

Vor all dem jedoch wollen wir uns das Werkzeug ansehen, mit dem die Bilder erstellt werden. Ist die Mathematik die hochauflösende Kamera oder der impressionistische Pinsel? Ist sie vielleicht sogar ein Korsett, das alles schön und reizvoll zusammenhält, doch ohne sie fällt alles kraftlos auseinander?

Die Mathematik ist kein Werkzeug der Physik!

Wir haben gesehen, dass die Mathematik in ihrem abgeschlossenen System aus Axiomen und logischen Verknüpfungen etwas erzeugen kann, was man als „Satz von mathematischen Wahrheiten" bezeichnen könnte. Die Physik übernimmt nun die von der Mathematik erzielten Ergebnisse und Methoden und überträgt sie auf naturwissenschaftliche Beobachtungen.

Aus der Sicht des Mathematikers ist es aber keineswegs so einfach, Daten auf mathematische Sätze oder Formeln zu übertragen, da die Methoden nicht der gleichen Logik folgen. Ich werde dies an zwei Beispielen demonstrieren.

JETZT KOMMEN GLEICH DIE ÄPFEL!

Ja, jetzt kommen gleich die Äpfel, aber zuvor noch der Kreis.

Reelle Zahlen

Die meisten Mathematiker regen sich furchtbar auf, wenn man ihre Wissenschaft hauptsächlich mit Zahlen in Verbindung bringt, weil es insgeheim die Vorstellung birgt, Mathematiker addierten hauptsächlich wirklich Zahlen, subtrahierten wieder andere, und wenn es hochkommt, dürfen sie einmal teilen. Das ist nicht so, doch die Zahlen, sprich die durch Messungen ermittelten Werte, sind nun einmal der Ausgangspunkt für die innige Beziehung von Naturwissenschaft und Mathematik (Theoretische Physiker benutzen die Mathematik selbstverständlich auf einem viel abstrakteren Niveau.). Physiker nehmen Werte und rechnen damit.

TUN SIE DAS?

Na ja, so ungefähr, so genau, wie die Werte eben messbar sind.

„Die ganzen Zahlen hat der liebe Gott geschaffen, alles andere ist Menschenwerk."
(Leopold Kronecker, 1823–1891)

Das scheint auf dem ersten Blick kein Problem zu sein. Für den exakten Mathematiker ist es eines. Welche Zahlen gibt es denn? Da sind einmal die natürlichen Zahlen: 1, 2, 3, … immer so weiter bis in alle Unendlichkeit. Jeder von uns ist sich klar, dass es keinerlei Probleme macht, diese Zahlen auf die Natur zu übertragen. Kinder rechnen am einfachsten mit Äpfeln oder Ähnlichem. „Wenn du fünf Bonbons hast und deinem Nachbarn zwei davon abgibst, wie viele Bonbons bleiben dir dann noch übrig?", fragt die Lehrerin. „Fünf, weil dem gebe ich gar kein Bonbon ab."

UND DIE ERWACHSENEN RECHNEN MIT EURO UND DENKEN IMMER NOCH SO.

Ja, da kommen dann aber noch weitere Zahlen dazu. Etwa wenn im Geldbeutel gar keine Euros mehr drin sind, dann kommt die Null dazu. Diese Null hat für die moderne Mathematik eine für den Laien unglaublich große Bedeutung, da man ohne sie kaum rechnen kann. Im römischen Zahlensystem, in dem es keine Null gab, war es jedenfalls sehr schwierig, große Zahlen zu addieren.

Wenn man sein Konto überzogen hat, dann steht da plötzlich beim Guthaben ein Minus. Wir haben damit den Raum der ganzen Zahlen erreicht. Immer noch sehen wir, dass es ganz einfache logische Zuordnungen von Zahlen zu Dingen gibt. Dann war da noch der Kuchen, den wir in zwölf Stücke schneiden. Beim Kaffeetrinken bekommt jeder ein Stück, also ein Zwölftel des Kuchens. Das sind die rationalen Zahlen, die Bruchzahlen: ein Viertel, drei Viertel, sieben Achtel. Sie entstehen ganz einfach aus den natürlichen oder, gehen wir gleich einen Schritt weiter und nehmen die negativen mit, aus den ganzen Zahlen, indem man zwei ganze Zahlen teilt. Die Torte lehrt uns, dass die rationalen Zahlen in der Natur zu finden sind.

> ABER DIE STÜCKE KÖNNEN DOCH VIELLEICHT UNTERSCHIEDLICH GROSS SEIN.

Das macht nichts, denn im Extremfall könnte man Atome zählen. Besteht etwa die ganze Torte aus $12x10^{26}$ Atomen (10^{26} heißt: eine 1 mit 26 Nullen), und ein Stück eben aus $1x10^{26}-1$ Atomen (also einem Atom weniger als ein Zwölftel), dann muss man einfach diese Zahl von Atomen ($1x10^{26}-1$) durch die Gesamtzahl ($12x10^{26}$) teilen und bekommt wieder eine rationale Zahl aus ganzen Zahlen.

Nun sind die Mathematiker ja kreative Menschen und haben deshalb noch eine weitere Zahlenart eingeführt. Sie stellen sich einfach vor, dass zwischen je zwei dieser rationalen Zahlen unendlich viele reelle Zahlen liegen. Eine reelle Zahl kann eine rationale Zahl sein, muss aber nicht. In Ziffern geschrieben wäre es etwas wie 7,1429806…, wobei das „…" dafür steht, dass man unendlich viele Ziffern hinschreiben müßte und diese Ziffern sich niemals regelmäßig wiederholen (anders als bei 0,3333… was für 1/3 steht).

Die Kreiszahl π ist so ein Beispiel für eine reelle Zahl, 3,14… mit noch unendlich vielen Stellen, von denen nur die ersten bekannt sind. Sie drückt das Verhältnis von Umfang zu Durchmesser eines Kreises aus. Oder $\sqrt{2}$, das heißt die

Seitenlänge eines Quadrats mit dem Flächeninhalt 2 (zum Beispiel in Quadratmetern).

Die reellen Zahlen sind in der Mathematik und Physik eine unglaublich wichtiges Konzept. Fast alle (konkreten) mathematischen Objekte werden im Raum der reellen Zahlen betrachtet. Die Infinitesimalrechnung, wie sie in der Physik verwendet wird, wäre etwa im Raum der rationalen Zahlen nicht definiert. Wir erinnern uns, Infinitesimalrechnung war das, mit dem man eine Geschwindigkeit oder Beschleunigung berechnen konnte, ohne erst eine große Strecke mit konstanter Geschwindigkeit zurückgelegt haben zu müssen. Auch Differentialgleichungen sind ohne reelle Zahlen in der Regel nicht lösbar, denn die Euler'sche Zahl e (2,71...) ist ebenso eine reelle Zahl und kommt in vielen Lösungen von Differentialgleichungen vor. Die reellen Zahlen waren also wirklich eine gute Idee.

Nur eine Idee?

Vielleicht? Es ist jedenfalls beliebig schwierig zu zeigen, dass sie mehr sind als das, denn eine natürliche Entsprechung lässt sich nicht so einfach finden. Der Kreis ist ein besonders schönes Beispiel. Zeichnen Sie doch einmal einen Kreis mit dem Zirkel. Wollen Sie π berechnen, müssen Sie den Umfang des Kreises ermitteln und durch den Durchmesser teilen. Werden Sie dabei eine reelle Zahl erhalten? Natürlich nicht, denn Sie teilen ja einen Messwert, der eine rationale Zahl ist, durch einen anderen, einfach deshalb, weil sie nicht beliebig genau messen können und hinter dem Komma irgendwo mit dem Aufschreiben aufhören müssen. Wer es ultragenau versuchen will, kann die einzelnen Abstände der Graphitatome auf dem Papier ermitteln, zusammenzählen und dann durch den Durchmesser teilen und wird wieder nur eine rationale Zahl erhalten. Den genauen Umfang des Kreises wird er dabei übrigens nie erhalten, denn er misst ja immer nur gerade Strecken, von Atom zu Atom.

Gibt es die reellen Zahlen vielleicht gar nicht? Was heißt „geben"? π gibt es nicht, weil es den idealen Kreis nicht gibt. Der Kreis ist eine Idee. Die Realität eine Summe von Atomabständen.

Die Planeten umkreisen die Sonne, das ist die Realität.

Zwar auf Ellipsen, nicht auf Kreisen, aber das ist hier irrelevant, weil eigentlich die Frage dahintersteckt, ob die Planeten auf einer kontinuierlichen Bahn dahinziehen. Wir tun so als ob, doch es ist eine unbeweisbare, nicht nachprüfbare und nicht falsifizierbare Annahme, die Physiker in ihre Berechnungsverfahren stecken, also eine eher unwissenschaftliche Methode.

„Was soll's?", fragen die Physiker, „das sagt uns doch der gesunde Menschenverstand." Aber der gesunde Menschenverstand sagt uns nicht, dass auf subatomarer Ebene Heisenbergs Unschärferelation herrscht, die besagt, dass niemals gleichzeitig Impuls und Ort genau bestimmt werden können (Um den Impuls eines Körpers zu bestimmen, muss man seine Masse mit seiner Geschwindigkeit multiplizieren.). Das Produkt aus der Genauigkeit des Impulses und des Ortes ist immer größer als eine (winzig kleine)

„... sind Raum und Zeit gequantelt, kommen sozusagen portionsweise vor, wie es die Erweiterung quantenmechanischer Konzepte auf die Geometrie nahe legt?“ (Hermann Nicolai, geb. 1952)

Konstante – wir werden später auf die Theorie der Quantenmechanik noch genauer eingehen. Würde man nachmessen (!), dass eine Bahn kontinuierlich ist, müßte man unendlich kleine Ortsunschärfen bestimmen. Bei diesem Messverfahren könnte der Impuls eines Teilchens beliebig groß werden, und das würde jeden Planeten ziemlich aus der Bahn werfen. Die Theorie einer kontinuierlichen Bahn ist also experimentell nicht veri- oder falsifizierbar und daher naturwissenschaftlich nicht unproblematisch.

Physiker rechnen trotzdem unbeschwert mit der Existenz der reellen Zahlen, denn sie vertrauen darauf, dass die Idee, die dahintersteckt, richtig ist.

DU SPRICHST SCHON WIEDER VON DER IDEE. DAS IST DOCH EIN ZIEMLICH ALTOMODISCHER BEGRIFF.

Ja, ich halte es auch für sehr wichtig, dass wir uns bewusst machen, dass der Begriff weit über 2000 Jahre alt ist und sich so fest in unser Denken geschlichen hat, dass wir ihn ungeprüft übernehmen. Vater des Ideen-Begriffs ist Platon (ca. 428–348 v. Chr.). Er veranschaulichte ihn mit seinem berühmten Höhlengleichnis. Ich zitiere es hier aus der Internet-Enzyklopädie Wikipedia (Begriff Höhlengleichnis):

„Platon beschreibt einige Menschen, die in einer unterirdischen Höhle von Kindheit an so festgebunden sind, dass sie weder ihre Köpfe noch ihre Körper bewegen und deshalb immer nur auf die ihnen gegenüber liegende Höhlenwand blicken können. Licht haben sie von einem Feuer, das hinter ihnen brennt. Zwischen dem Feuer und ihren Rücken werden Bilder und Gegenstände vorbeigetragen, die Schatten an die Wand werfen. Die ‚Gefangenen' können nur diese Schatten der Gegenstände wahrnehmen. Wenn die Träger der Gegenstände sprechen, hallt es von der Wand so zurück, als ob die Schatten selber sprächen. Da sich die Welt der Gefangenen ausschließlich um diese Schatten dreht, deuten und benennen sie diese, als handelte es sich bei ihnen um die wahre Welt.

Platon veranschaulicht demgemäß durch sein Gleichnis, dass der gewöhnliche Mensch im Alltag wie in einer Höhle lebt. Denn die Dinge, die er als real wahrnimmt, sind Platons Ideenlehre zufolge in Wahrheit nur Schatten und Abbildungen des wahren Seienden. Die Höhle im Gleichnis steht für unsere sinnlich wahrnehmbare Welt, der harte Aufstieg des Höhlenbewohners für den Weg der Seele hinauf bis zur Erkenntnis des tatsächlichen Zentrums des Seins: der Idee des Guten, die im Gleichnis durch die Sonne repräsentiert ist. Es geht im Höhlengleichnis also darum, die Denkkraft nicht auf das sinnlich Wahrnehmbare der uns unmittelbar umgebenden Welt zu lenken, sondern auf das, was hinter dieser Welt steht, beziehungsweise auf den ideellen Ursprung dieser Welt."

„Jetzt sehen wir wie in einem blank polierten Stück Metall nur rätselhafte Umrisse, dann aber werden wir alles direkt zu Gesicht bekommen. Jetzt erkenne ich nur Teile des Ganzen, dann werde ich alles erkennen, wie auch ich völlig erkannt worden bin." (Paulus, 1 Kor 13,12)

Diese Platon'schen Ideen leben weiter in einem idealisierten Kreis, den es in der Natur (vielleicht) nicht gibt und in reellen Zahlen, die es in der Natur (vielleicht) auch nicht gibt.

Du bist dir da nicht so sicher?

Wie sollte ich mir sicher sein, bei einem Konzept, das nicht nachprüfbar ist. Aber ich muss mir bewusst machen, dass der Ausgangspunkt meiner Überlegungen ein philosophischer Gedanke ist, ja eigentlich sogar ein religiöser, denn Platon spricht seinen Ideen ja eine tatsächliche Existenz und damit eine metaphysische Eigenschaft zu.

Du bist dir doch sonst auch in anderen nicht naturwissenschaftlich beantworteten Fragen sicher, etwa der, ob es mich gibt.

Aber bei Dir kann ich auf eine Art von Erfahrung zurückgreifen, wenn sie auch nicht naturwissenschaftlicher Art ist. Ein Physiker jedoch nimmt eine Idee und stülpt sie über die Wirklichkeit. Ob das zu einer Wahrheit führt? Ich behaupte, dass er damit nicht mehr als eine neue Idee finden kann. Und er wird sie nicht einmal beweisen können, was jeder Mathematiker als Minimalforderung ansehen würde, denn der mathematisch strenge Beweis gehört nicht in die Physik, wie wir gleich sehen werden.

Vollständige Induktion

Im ersten Semester werden Physiker mit sehr vielen Mathematikvorlesungen geplagt – man muss ja erst die

„Werkzeuge" beherrschen. Ich erinnere mich an Professor Jürgen Neukirch an der Universität Regensburg, der immer für einen Spaß zu haben war, wie er uns die vollständige Induktion beibringen wollte:

„120 ist durch 1 teilbar, 120 ist durch 2 teilbar, 120 ist durch 3 teilbar, 120 ist durch 4 teilbar, 120 ist durch 5 teilbar, 120 ist durch 6 teilbar – ich kann also annehmen, dass 120 durch alle natürlichen Zahlen teilbar ist."

Wir waren alle Physiker und erkannten deshalb den Seitenhieb, denn es ist die physikalische Methode aus einer beobachteten Regelmäßigkeit ein allgemeingültiges Gesetz abzuleiten. Neukirch hatte natürlich bewusst vor der Zahl 7 aufgehört, weil hier die Regel nicht mehr richtig gewesen wäre. Die vollständige Induktion ist ein Beweisverfahren, das solche Unsauberkeiten nicht nötig hat und sehr gut in all den Fällen angewendet werden kann, in denen es um Aussagen geht, die abzählbar viele Elemente enthalten, etwa die natürlichen Zahlen 1, 2, 3, …

Das Prinzip ist einfach, denn eine Aussage ist für alle Zahlen gültig, wenn sie erstens für die Zahl 1 gilt und man zweitens aus der Tatsache, dass sie für eine bestimmte Zahl n gilt, schließen kann, dass sie auch für die nächste Zahl, n+1, stimmt.

UND DU BEHAUPTEST, ICH DRÜCKTE MICH MANCHMAL ETWAS UNDEUTLICH AUS!

Gut, Du hast Recht, deshalb ein Beispiel, das vermutlich viele kennen, wenigstens die, die das Buch *Die Vermessung der Welt* von Daniel Kehlmann gelesen haben.

(Wer wirklich keine Lust hat mitzudenken, kann ausnahmsweise einmal schummeln und beim Einstiegspfeil wieder weiterlesen.)

Der berühmte Mathematiker Carl Friedrich Gauß (1777–1855) war schon immer ein schlauer Kopf, auch schon als Kind. Die Mathematikstunden in der Schule mochte er gar nicht, denn er fand sie stinklangweilig. Von Gauß' erstem Lehrer behauptet Kehlmann, er sei ein Menschenquäler gewesen und hätte nur darauf gewartet, die Kinder verprügeln zu dürfen. Aber gestehen wir ihm ruhig zu, dass er an diesem Tag nur einmal für ein Stündchen seine Ruhe haben wollte. Deshalb gab er den Kindern die Aufgabe, alle Zahlen von 1 bis 100 zusammenzurechnen. Die Kinder waren brav, setzten sich alle hin und fingen an zu addieren – alle, bis auf Gauß. Der dachte einige Minuten nach, dann schrieb er eine Zahl auf einen Zettel und schaute in die Luft. Klar, da wäre auch ein weniger leicht erregbarer Lehrer wütend geworden. „Gauß! Warum rechnest Du nicht!", schrie er ihn also an. Er rechnete nicht, weil er fertig war. Das konnte der Lehrer kaum glauben, doch als er das Ergebnis – 5050 – sah, stutzte er umso mehr. Wie hatte Gauß das so schnell gemacht? Alle Zahlen von eins bis hundert zu addieren konnte auch der schnellste Rechner nun wirklich nicht in einigen Minuten. „Das ist ganz einfach", sagte Gauß, „1 plus 100 gibt 101, 2 plus 99 gibt auch 101, 3 plus 98 gibt auch 101. Das kann ich 50mal machen, also 50 mal 101 ergibt 5050."

Gauß hätte mit dieser Methode genauso schnell die Zahlen von 1 bis 1000 addieren können oder ganz allgemein die Zahlen von 1 bis zu einer ganz beliebig großen Zahl, nennen wir sie – so wie das die Mathematiker machen – die

Zahl n aus der Menge der natürlichen Zahlen 1, 2, 3, ... Er hätte dann einfach gerechnet:

$1+2+3+...+n=\frac{1}{2}\times n\times (n+1)$

Machen wir doch einmal den Beweis des Physikers und setzen unsere bekannte Zahl n=100 ein:

$1+2+3+...+100=\frac{1}{2}\times 100\times (100+1)=50\times 101=5050$

Sieht doch ganz gut aus, oder?

Mit der vollständigen Induktion ist das aber auch gar nicht so schwierig, keine Angst.

Als erstes überprüfen wir, ob die Aussage für den Anfangswert, also für n = 1 gilt. Das ist ganz einfach, denn bei der Summe 1+2+3+...+n bleibt nur 1 stehen, weil n ja 1 ist. Auf der anderen Seite der Gleichung steht dann

$\frac{1}{2}\times 1(1+1)=\frac{1}{2}\times 2=1$

Die beiden Seiten der Gleichung stimmen also überein, das heißt, die Gleichung ist richtig.

Als zweites gehen wir davon aus, dass die Gleichung für ein ganz bestimmtes n aus der Menge der natürlichen Zahlen stimmt. Nun müssen wir prüfen, ob wir daraus ableiten können, dass sie auch für das darauf folgende m = n+1 richtig ist. Da muss man nun ein bißchen mehr rechnen, aber richtig schwierig wird das auch nicht. Wir wissen also:

$1+2+3+...+n=\frac{1}{2}\times n\times (n+1)$

Nun kann uns niemand verbieten, auf beiden Seiten dieser Gleichung die Zahl m = n+1 zu addieren:

$1+2+3+...+n+m=\frac{1}{2}\times n\times (n+1)+m$

also, weil ja m = n+1 ist, kann man rechts einfach das m durch (n+1) ersetzen und erhält:

$1+2+3+...+n+m=\frac{1}{2}\times n\times (n+1)+(n+1)$

Jetzt – ich hoffe, Sie können noch folgen – muss ich einfach dieses (n+1) ausklammern (so wie ich statt 2a+3a=(2+3)a schreiben kann):

$1+2+3+\ldots+n+m=(\frac{1}{2} \times n+1)(n+1)$

Nun stört mich dieser Faktor ½ in der Klammer, den kann ich auch noch herausziehen. Am Ergebnis ändert sich nichts, wenn ich schreibe:

$1+2+3+\ldots+n+m=\frac{1}{2} \times (n+2)(n+1)$

Um nicht zu schnell vorzugehen, tausche ich noch die Klammern aus, denn es ist ja egal, ob ich 7×8 oder 8×7 rechne:

$1+2+3+\ldots+n+m=\frac{1}{2} \times (n+1)(n+2)$

Das ist jetzt schon ganz nett. Glauben Sie mir, dass 2 = 1+1 ist, ja sicher:

$1+2+3+\ldots+n+m=\frac{1}{2} \times (n+1)(n+1+1)$

und was war m gleich wieder? Sie erinnern sich: m=n+1, denn m sollte ja die Zahl sein, die direkt nach n kommt, also ersetze ich n+1 durch m und bekomme:

$1+2+3+\ldots+n+m=\frac{1}{2} \times (m)(m+1)$

Ich habe jetzt gezeigt, dass aus der Tatsache, dass meine Formel für die Zahl n gilt, folgt, dass sie auch für die auf n folgende Zahl m gilt und damit die Formel durch vollständige Induktion bewiesen.

Herzlichen Glückwunsch! Sie haben soeben den Stoff der ersten Stunde Analysis im Mathematikstudium verstanden! (Sind Sie jetzt alle wieder dabei? Hier wird es wieder einfacher.)

Und die Äpfel!

Ja Du hast Recht, jetzt zurück zur Physik, zu den Äpfeln! Jetzt beweisen Sie doch einmal durch vollständige Induktion, dass alle Äpfel zum Boden fallen, denn Sie wollen die Mathematik ja auch auf die Physik anwenden können, oder nicht? Warum Äpfel und nicht Kanonenkugeln? Nun, erstens mag ich keine Kanonenkugeln und zweitens gibt es da die – vermutlich vollkommen frei erfundene – Geschichte, dass Newton seine berühmten Gesetze formuliert habe, nachdem ihm ein Apfel auf den Kopf gefallen war und er haarscharf schloss, dass sie von einer Kraft angezogen wurden, die umso größer wird, je schwerer sie sind.

Also, wenn wir das mit den Äpfeln genauso angehen, dann gehen wir zuerst von einem ersten Apfel aus, der zu Boden fällt. Setzen Sie sich am besten in die Nähe eines Baumes und warten Sie, bis diese Bedingung erfüllt ist (Schütteln ist erlaubt, denn es handelt sich ja um ein physikalisches Experiment.). Wenn Ihnen das zu langweilig ist, oder gerade Winter ist, dann nehmen Sie einfach diese hässliche Vase, die Sie zu Weihnachten von Ihrer Großtante geschenkt bekommen haben. Gut, Sie werden sehen – da bin ich mir ziemlich sicher – dass die Aussage, alle Äpfel (Vasen) fallen zu Boden, für ein erstes Exemplar erfüllt ist. Und nun versuchen wir aus der Tatsache, dass eine beliebige Zahl n Äpfel (oder Vasen – ich hoffe, Sie haben genug davon) auf den Boden gefallen ist, zu schließen, dass auch die nächste zu Boden fallen wird.

DAS IST DOCH WOHL KLAR!

Ja, das sagst Du! Wenn ich diese Antwort in meinen Mathematikklausuren hingeschrieben habe, gab es immer Null Punkte. Ganz im Gegenteil, unsere Erfahrung sagt uns, dass alle Äpfel zu Boden fallen, aber der Apfel Nummer n+1 hat mit dem Apfel Nummer n rein gar nichts zu tun, es sei denn alle Äpfel dieser Welt wären mit Seilen verbunden. Tut mir leid, aber eine wirklich mathematisch korrekte Schlussfolgerung, wie die vollständige Induktion funktioniert hier nicht. Wir können also Newtons Fallgesetze auf Äpfel anwenden, die gefallen sind, oder die sich gerade lösen. Wenn wir sie für die, die am Baum hängen, anwenden, dann nur, weil wir an ihr Fallen glauben. Die Erfahrung täuscht Sicherheit vor: 120 ist durch 1 durch 2, durch 3, durch 4, durch 5 durch 6, also durch alle Zahlen teilbar. Nur wer das glaubt, kann mit einer mathematischen Formel einen zukünftigen kausalen Zusammenhang beschreiben.

NUN, MACH MAL EINEN PUNKT, GLAUBST DU WIRKLICH, DASS MANCHE ÄPFEL ZUM HIMMEL EMPORSTEIGEN?

Nein, ich glaube, wie jeder vernünftige Mensch, dass alle Äpfel zu Boden fallen, aber die Übertragung von mathematischen Verfahren auf physikalische Zusammenhänge ist nicht unproblematisch. Glaube ich daran noch, wenn es nur eine oder zwei Messungen gibt, die eine Theorie stützen, wie beim Nachweis des Higgs-Teilchens? Glaube ich es, wenn mir die mathematischen Ergebnisse eine Erklärung

„Eine mathematische Theorie existiert nur in unserer Vorstellung und besitzt keine andere Wirklichkeit (was immer das bedeuten mag)." (Stephen Hawking, geb. 1942)

liefern, die meiner Logik widerspricht, wie es in der Quantenmechanik der Fall ist (vgl. Kapitel „Quantentheorie", S. 137). Glaube ich noch daran, wenn die Mathematik Lösungen liefert, die experimentell nicht mehr zu bestätigen sind, wie bei den Strings oder der Singularität des Urknalls (Kapitel „Mit dem Big-Bang begann alles", S. 161)?

Ich sehe das Problem, dass all dies in der Technik so gut funktioniert, dass wir verlernt haben, wachsam zu sein und eventuell zu zweifeln. Das Kapitel über Quantentheorie soll zeigen, wo eventuell etwas mehr Zweifel angebracht wäre. Vorerst werde ich Ihnen aber noch ein weiteres wichtiges Element des mathematischen Denkens vorstellen, das Physiker sehr gerne umschiffen oder schlichtweg ignorieren.

Existenzbeweise

Es gibt da einen alten Witz über Physiker und Mathematiker:

„Ein Schäfer, ein Physiker und ein Mathematiker bekommen die Aufgabe, eine Schafherde in einen Pferch zu treiben. Kein Problem, sagt der Schäfer. Er zählt die Schafe, baut mit den Zaunelementen, die ihm zur Verfügung gestellt werden, einen genügend großen Pferch, pfeift dann seinem Hund und zusammen treiben sie die Schafe in den Pferch – geschafft! Der Physiker sagt ebenso: Kein Problem. Er nimmt drei Zaunelemente, montiert sie notdürftig zu einem Dreieck zusammen und stellt sich hinein. Dann sagt er: Ich definiere das, wo ich stehe, als außen. Er steht nun also außen und die Schafe folglich innen – geschafft! Der Mathematiker schaut sich die Schafe und den Pferch an, dann nimmt er einen Pack Papier und verzieht sich für drei Tage in den Wohnwagen des Schäfers. Dann kommt er freudestrahlend heraus, schwenkt seine Zettel und verkündet: „Das Problem ist lösbar!" – geschafft?

Unsere Gesellschaft ist nicht danach ausgelegt zu fragen, ob ein Problem lösbar ist oder nicht, deshalb finden wir diese Geschichte witzig. Wenn wir ein Problem identifiziert haben, packen wir an und versuchen, es zu lösen (Manche behaupten, dies wäre zumindest der „männliche" Weg.). Fällt uns nicht spontan ein theoretisch begründeter Weg ein, dann versuchen wir es mit Trial and Error. Dieses Anpacken führt weiter und weiter, von einer Teillösung zur nächsten und vielleicht sogar zu einem ganz neuen Problem und zu Lösungen, die wir vorher gar nicht gesucht hatten. Es ist letztlich der evolutionäre Prozess, den wir damit nachahmen.

Der mathematisch korrekte ist es nicht. Ein Mathematiker stellt sich zuallererst die Frage, ob das Problem, das er behandeln will, überhaupt lösbar ist oder nicht, und erst dann beschäftigt ihn, wie er es lösen kann. Dieses Prinzip hat sich allerdings erst seit wenigen hundert Jahren durchgesetzt. Ein alter Orakelspruch war der Auslöser: Auf der Kykladeninsel Delos gab es im Altertum ein Apolloheiligtum und darin befand sich ein würfelförmiger Altar, auf dem man dem Gott Opfer darbringen konnte. Und wie beim Apollotempel in Delphi gab es auf Delos auch ein Orakel. Nun brach eines Tages auf der Insel die Pest aus. Die Bewohner wandten sich an das Orakel und wollten wissen, was sie dagegen tun könnten. Die Antwort lautete: Baut dem Apoll einen neuen würfelförmigen Altar, der das doppelte Volumen des alten hat. Die Aufgabe schien nicht schwer. Die alten Griechen lösten derartige Probleme damals mit Zirkel und Lineal – wobei das Lineal nur dazu da war, gerade Striche zu zeichnen. Das Problem rein rechnerisch zu lösen war für sie zu schwierig. Die Griechen hatten schon Probleme mit der Quadratwurzel. Dabei ergeben sich nämlich reelle Zahlen, also solche, die nicht als Resultat von Brüchen natürlicher Zahlen wie 1, 2 und so weiter darstellbar sind. Für das Volumen eines Würfels benötigte man aber die dritte Wurzel. Also nahmen die Bewohner von Delos Zirkel und Lineal und versuchten, diesen doppelt so großen Würfel zu konstruieren. Leider gelang das nicht. Wie die Geschichte genau ausging, ist nicht überliefert. Vermutlich bauten die Delosianer einen deutlich größeren Altar, und Apoll wußte auch nicht, wie er das Ergebnis überprüfen sollte, drückte ein Auge zu und beendete die Pest.

> WAS HEISST HIER, APOLL DRÜCKTE EIN AUGE ZU? DU VERTRITTST HIER ANSICHTEN DER LÄNGST VERGESSENEN VIELGÖTTEREI. ICH SCHREIBE GLEICH NICHT MEHR MIT.

Beruhige DICH! Es ist doch nur eine Geschichte, und die dauerte bis 1837. Da zeigte der junge Franzose Pierre Laurent Wantzel, dass das Problem mit Zirkel und Lineal nicht lösbar ist – wie sehr man sich auch anstrengt (eigentlich hatten die Bewohner von Delos also keine Chance). Für das Problem existierte also gar keine Lösung!

Dies war nicht der erste mathematische Existenzbeweis, aber einer der beeindruckendsten zu dieser Zeit, weil die Probleme schon so alt waren. Und er führte sehr deutlich vor Augen, dass man, bevor man sich an die Lösung eines

Problems macht, sich erst einmal Gedanken darüber machen muss, ob das Problem überhaupt eine Lösung hat.

Es gibt nur wenige Physiker, die sich heute Gedanken darüber machen, ob es denn prinzipiell möglich ist, die Strukturen des Kosmos zu beschreiben. Wir wissen schon aus dem Kapitel „Was ist Mathematik?“ (S. 37), dass Kurt Gödel 1930 gezeigt hat, dass es in jedem mathematischen Axiomensystem entweder wahre, jedoch nicht beweisbare Aussagen gibt, oder aber das System in sich widersprüchlich ist.

Ist es nicht naheliegend, dass auch für die Physik gilt, dass sie von nicht beweis- oder nicht nachweisbaren Aussagen ausgehen muss, wenn sie nicht widersprüchlich sein will? Die meisten Erkenntnistheoretiker gehen davon aus, dass man ein System nicht vollständig beschreiben kann, wenn man sich in dem System befindet, das geht nur, wenn man außerhalb steht.

Mit naturwissenschaftlichen Methoden wird es sicherlich niemals möglich sein, außerhalb zu stehen – außerhalb unseres Kosmos! Der Physiker stellt sich in sein Labor und sagt: „Ich definiere dies hier als außen.“ Der Mathematiker aber rechnet vielleicht nach und verkündet: „Das Problem ist nicht lösbar.“

> VIELLEICHT KOMMT DANN DER GUTE SCHÄFER UND HOLT DAS VERLORENE SCHAF WIEDER IN SEINE WELT ZURÜCK.

Ja, vielleicht, wenn er nicht einfach alle Einwände ignoriert und einfach weiterforscht, wie es der Mensch immer getan hat. Denn wenn es auch keine Antworten geben mag, neue

Fragen werden immer wieder auftauchen. In den letzten hundert Jahren wurden vier große Theorien entwickelt, die in der Lage zu sein scheinen, viele Fragen zu beantworten, die sich die Menschheit seit langem stellte: die Quantenmechanik, die Relativitätstheorie, das Standardmodell und die Urknalltheorie. Zwei davon sollen im Folgenden danach untersucht werden, ob sie Abbildungen der Wirklichkeit oder mehr Allegorien liefern können.

Quantentheorie

Die Quantenmechanik ist zum einen aus dem Blick auf das ganz kleine, auf die Atome und die subatomaren Teilchen, und zum anderen aus der Untersuchung des Phänomens Licht hervorgegangen. Wir werden einen kleinen Exkurs in die Physik machen, um die Entwicklung der Theorie und ihre Inhalte verstehen zu lernen.

MUSS DAS JETZT SEIN?

DU kannst ja in der Zwischenzeit einmal schöpfen gehen, wenn DICH das alles jetzt nicht interessiert.

Welle-Teilchen-Dualismus und die Dreieinigkeit Gottes

Das Licht war für die Menschen schon immer ein faszinierendes Phänomen. Doch was ist Licht denn eigentlich? Isaac Newton (1643–1727) versuchte etwas darüber herauszufinden. Er entdeckte dabei, dass im weißen Licht offensichtlich alle Farben stecken, denn er konnte es mit einem Prisma in die Regenbogenfarben zerlegen und dieses Regenbogenspektrum danach mit einem weiteren Prisma wieder zu weißem Licht vereinen. Was aber nicht funktionierte, wenn er erst eine einzelne Farbe aussortierte und diese durch das zweite Prisma schickte. Vor Newton hatte man angenommen, dass die Materialien dem Licht ihre Eigenschaften aufprägen, etwa wie farbiges Fensterglas.

Nun kannte man also die Entstehung der Farben, nicht aber, welcher Natur ihr Träger war. Der berühmte Doppelspaltversuch von Thomas Young brachte 1802 dazu etwas „Licht ins Dunkle". Um ihn zu verstehen, muss man sich erst einmal Gedanken zu Wellen machen. Werfen Sie einen Stein in eine ruhige Wasseroberfläche, so werden Sie sehen, dass sich von der Stelle aus, an der der Stein in das Wasser gefallen ist, kreisförmige Wellen ausbreiten. Wenn Sie nun zwei Steine gleichzeitig an verschieden Stellen ins Wasser werfen, gibt es nicht nur Kreise, sondern ein kompliziertes Muster. Das liegt daran, dass sich zwei Wellen, wenn sie aufeinandertreffen, verstärken und auslöschen können. Wenn nämlich ein Wellenberg der einen Welle auf einen Wellenberg der anderen Welle trifft, addieren sich diese und es gibt einen doppelt so hohen Wellenberg. Wenn aber ein Wellenberg auf ein Wellental trifft, löschen sie sich gegenseitig aus und es ergibt sich eine glatte Fläche.

Thomas Young führte nun folgenden Versuch durch. Er stellte eine helle Lichtquelle vor einen Beobachtungsschirm und dazwischen eine Platte, in der sich zwei Spalte befanden. Wenn er je einen dieser Spalte verdeckte, tauchte hinter dem offenen Spalt ein heller Fleck auf dem Beobachtungsschirm auf. Wenn er jedoch beide Spalte öffnete, tauchte ein Streifenmuster auf. Man kann dieses Streifenmuster ganz einfach erklären, wenn man annimmt, dass Licht eine Welle ist und jeder Spalt eine neue Lichtquelle darstellt, denn dann treffen auf dem Schirm einmal Wellenberge aufeinander und ergeben einen hellen Fleck und daneben trifft Wellenberg auf Wellental und das ganze löscht sich aus, was eine dunkle Stelle ergibt – immer abwechselnd.

Zu dieser Wellentheorie passte unter anderem auch, dass Licht offensichtlich in der Lage ist, um die Ecke zu biegen. Wenn Sie Ihre Hand zwischen die weiße Wand und eine Lampe halten, werden Sie sehen, dass die Ränder Ihrer Hand nicht scharf, sondern verschmiert sind. Das liegt daran, dass die Lichtwellen an der Kante „gebeugt" werden, das heißt einen Knick nach innen machen, so wie eine Welle im Meer, die durch eine Lücke in einer Hafenmauer kommt, sich auch etwas in den „Schattenbereich" der Mauer ausbreiten kann.

Licht ist also eine Welle. Doch was schwingt denn da? Es muss so etwas wie einen Äther geben, der die gleiche Funktion für Lichtwellen hat, wie das Wasser für Meereswellen oder die Luft für Schallwellen, war die erste Vermutung. Diese sehr lange verfolgte Äthertheorie stellte sich als falsch heraus. Michelson (Potsdam 1881) und Morley (Cleveland 1887) führten ein Experiment durch, in dem gezeigt wurde, dass sich das Licht immer mit der gleichen Geschwindigkeit ausbreitete, auch wenn sich die Lichtquelle auf einem bewegten Objekt (wie dem Planeten Erde) befand.

Das konnte nicht mit einem im Universum feststehenden Äther zusammenpassen. (Albert Einstein entwickelte auf Grundlage dieses Experiments 1905 seine spezielle Relativitätstheorie, auf die wir aber in diesem Buch nicht eingehen werden.)

Den Ausweg hatte der schottische Physiker James Clerk Maxwell schon einige Jahre vorher gefunden. Sie wissen vielleicht, wie ein Fahrraddynamo funktioniert? Nein? Das ist ganz einfach. Die Walze dreht einen Magneten, der sich in einer Spule befindet. Weil sich das Magnetfeld bei dieser Drehung ständig ändert, bewirkt dies in der Spule ein elektrisches Feld, das den Ladungsteilchen im Draht einen Schubs gibt, der sich letztendlich als Strom äußert, der das Birnchen in der Fahrradlampe zum Leuchten bringt. Beim Licht ist es nicht viel anders, so fand Maxwell heraus. Beim Licht handelt es sich zuerst um ein magnetisches Feld im Raum, das ändert sich und bewirkt deshalb ein elektrisches Feld, das jedoch auch ständig stärker und schwächer wird, weil sich das magnetische Feld ja geändert hat, deshalb bewirkt das elektrische Feld wieder ein magnetisches Feld, das sich auch ändert usw. Ein elektrisches Feld erzeugt ein magnetisches, das wieder ein elektrisches immer so weiter. So kann sich das Licht in Form einer elektromagnetischen Welle ausbreiten. Damit stand es also eindeutig fest: Das Licht ist eine elektromagnetische Welle.

So, nun hast du unsere Geduld aber arg strapaziert. Wo liegt denn nun das Problem. Ist doch schön, wenn wir wissen, was das Licht ist.

Das Problem ist, dass das Licht ein Teilchen ist, so ein Art kleine Kanonenkugel. Albert Einstein hat den Nobelpreis nicht für seine Relativitätstheorie bekommen, sondern für die Erklärung des lichtelektrischen Effekts und den Nachweis, dass Licht aus winzigen Teilchen oder Energiepaketen, den Quanten oder Photonen, besteht.

Das Experiment lief folgendermaßen ab. Man stellte eine Metallplatte auf und einige Zentimeter entfernt eine weitere, verbindet diese mit einem leitenden Draht und legt eine Spannung an, dann passiert erst einmal gar nichts, da die Elektronen im Metall der Platte feststecken und den Spalt nicht überbrücken können. Bestrahlt man nun die Platte mit rotem Licht – dann passiert immer noch nichts, erhöht man die Intensität des roten Lichts – dann passiert immer noch nichts. Nimmt man aber blaues oder ultraviolettes Licht, dann fließt plötzlich ein Strom. Wie kann das sein? Gut, man kann davon ausgehen, dass die Elektronen an das Metall gebunden sind, doch wenn man die Intensität des Lichts erhöht, dann müßte man doch irgendwann einmal genügend Energie eingebracht haben, dass sich wenigstens einige der Elektronen lösen können. Das passiert aber nicht. Die Elektronen lösen sich erst, wenn man Licht mit einer höheren Frequenz, beziehungsweise, was das gleiche ist, mit einer kürzeren Wellenlänge nimmt und das, obwohl die Intensität relativ niedrig ist.

Albert Einsteins Erklärung war die folgende: Licht besteht aus kleinsten Teilchen, den Lichtquanten oder Photonen. Sie können niemals nur einen Teil ihrer Energie an die Elektronen im Metall abgeben, sondern immer nur die gesamte Energie, die in ihnen steckt. Und ihre Energie ist abhängig von ihrer Frequenz, je höher die Frequenz, desto höher ist die Energie des einzelnen Photons. Sobald die Frequenz des Lichts hoch genug ist, um genau die Bindungsenergie der Elektronen zu übertragen, werden Elektronen aus dem Metall herausgeschlagen und man misst einen Stromfluß.

Einsteins Interpretation war sehr leicht zu überprüfen, denn man konnte die Energie der freigesetzten Elektronen messen. Sie war wirklich umso höher, je höher die Frequenz des Lichts war. Einstein hatte also Recht gehabt; der Nobelpreis war verdient. Seine Entdeckung gilt als eine der Geburtsstunden der Quantenmechanik, doch es entstand nun einen kuriose Situation.

Man wußte: Licht ist eine elektromagnetische Welle. Und gleichzeitig: Licht ist ein Teilchen.

Und wer hat nun recht?

Die Physiker sagen, das sei die falsche Frage. Beides ist richtig. Es entstand der vielsagende Begriff des Welle-Teilchen-Dualismus; das heißt, Licht tritt sowohl als Welle als auch als Teilchen auf. Erstaunlich ist, dass das Licht sogar zu wissen scheint, in welcher Form es bei den Experimenten auftreten muss. Senkt man zum Beispiel beim Doppelspaltversuch die Intensität so stark, dass nur noch einzelne Photonen durch die Spalte fliegen, und bestimmt, durch welchen Spalt

„Gott regiert den Elektromagnetismus am Montag, Mittwoch und Freitag mit der Wellentheorie, und der Teufel regiert ihn am Dienstag, Donnerstag und Samstag mit der Quantentheorie.“
(Sir William Bragg, 1862–1942)

das jeweilige Photon gerade geflogen ist, dann bricht das Streifenmuster zusammen. Es ergeben sich nur noch die hellen Flecken, die auch entstehen, wenn man einen Spalt zudeckt. Beobachtet man bei der gleichen Intensität jedoch nicht, wo die Photonen hinfliegen, erscheint wieder das Muster.

Nun könnte man meinen, Licht sei schon ein sehr eigentümliches Phänomen, und wird gleich noch mehr überrascht sein, denn Louis-Victor de Broglie wandte das Konzept des Welle-Teilchen-Dualismus auch auf Teilchen an. Es stellte sich heraus, dass sich viele Dinge, wie Elektronen oder Neutronen, die man bisher immer als Teilchen betrachtet hatte, ebenso manchmal wie eine Welle verhielten. Ja, man kann davon ausgehen, dass jeder makroskopische Gegenstand auch Welleneigenschaften hat, auch wir Menschen selbst. Nur ist es so, dass die Wellenlänge umso kürzer ist, je mehr Masse das Teilchen hat. Schon ein Elektron hat eine viel kürzere Wellenlänge als das sichtbare Licht. Man nutzt Elektronenstrahlen deshalb in Elektronenmikroskopen, um kleinste Strukturen sichtbar zu machen. Abgesehen von diesen extrem kleinen Wellenlängen gilt also für alle Teilchen, dass sie sich sowohl wie eine Welle als auch wie ein Teilchen verhalten können. Das ist der Welle-Teilchen-Dualismus.

> Aber über die Trinität Gottes schütteln die Naturwissenschaftler den Kopf. Das ist ungerecht! Und welches Bild ist nun das richtige?

Die Wissenschaftler sind hier einen ganz anderen Weg gegangen, als man aus dem üblichen Verfahren erwarten könnte, wo man eine Theorie hat und diese aufgrund von neuen Erkenntnissen überarbeitetet. Zumindest ist der Lösungsansatz verwirrend. Licht ist beides gleichzeitig, eine Welle und ein Teilchen. Es zeigt nur bei unterschiedlichen Versuchen seine unterschiedliche Natur. Es gibt keine bessere Wellentheorie, in die man noch die Teilcheneigenschaften einbauen könnte, und es gibt auch keine bessere Teilchentheorie, in die man die Welleneigenschaften einbauen kann, denn eine Welle ist etwas, das über den Raum verteilt ist und ein Teilchen etwas, das sich an einem konkreten Ort aufhalten kann (auch wenn der – wie wir noch sehen werden, nicht exakt bestimmbar ist).

„Wer von der Quantentheorie nicht schockiert ist, hat sie nicht verstanden."
(Niels Bohr, 1885–1962)

Darf ich nun hier die Frage nach der „Wahrheit" stellen? Da schütteln einige Physiker den Kopf. Ich tue es trotzdem und behaupte zu ihrer Überraschung: Ja, in diesen Beschreibungen steckt die Wahrheit. Aber nicht in der von den Naturwissenschaftlern geforderten Vorgehensweise von Modell und Theorie, denn dann hätte dies zu einer einzigen, überarbeiteten Theorie geführt, sondern der, den Geisteswissenschaftlern wohlvertrauten Art des Gleichnisses oder abstrakten Bildes.

Und Einstein erzählte ihnen folgendes Gleichnis – und bekam dann dafür den Nobelpreis.

Aber nicht den Nobelpreis für Literatur, sondern den für Physik. Man darf seine Leistung nicht unterschätzen, denn es gehörte schon sehr viel Mut dazu, zu einer Zeit, in der die Physiker gerade laut aufgeatmet hatten, weil sie es endlich geschafft hatten nachzuweisen, dass Licht eine elektromagnetische Welle ist, zu behaupten, Licht sei ein Teilchen. Noch dazu war Einstein zu der Zeit, in der er seine Behauptung äußerte, noch ein weitgehend unbekannter Beamter des Schweizer Patentamts fast ohne Kontakte zur Wissenschaftlergemeinschaft. Trotzdem konnte sich Einstein mit der Dualität und vor allem mit der sich daraus entwickelnden Wahrscheinlichkeitsinterpretation der Quantentheorie nie anfreunden. Wenn man zur Beschreibung eines Phänomens miteinander unvereinbare Konzepte benötigt, kann einem rational denkenden Menschen schon unwohl werden.

Und woran liegt es nun, dass wir von so elementaren Objekten der Natur nur in derartigen Gleichnissen sprechen können? Die Antwort ist einfach: Weil unsere Sinne und unser ganzes Bewusstsein eben nur für die makroskopische Welt gemacht sind. Um es überspitzt zu formulieren: Wir brauchten das Wissen um die subatomare Welt einfach nicht in unserem Leben. Wir brauchen es erst, seit wir von der Technik abhängig sind. Aber auch dazu benötigen wir keine Wahrheiten, sondern nur funktionierende Arbeitsverfahren.

Und so stehen wir im Submikroskopischen vor Allegorien und begreifen eigentlich gar nichts.

So wie ihr auch bei der Frage nach dem Wesen Gottes vor einem Rätsel steht, weil er über euch hinausgeht?

Vermutlich geht vielen DEIN Vergleich zu weit, weil die wissenschaftlichen Ansätze ja konkret weiterführen, in sich stimmig sind und sich trotz ihrer Vielfachheit mathematisch beschreiben und durch Beobachtungen bestätigen lassen – das Unbegreifliche funktioniert – und das reicht den meisten.

Der Mond ist nicht da, wenn keiner hinschaut

Etwas ganz anderes als Licht schien die Materie an sich zu sein. Man hatte relativ bald ergründet, dass es die von Demokrit erdachten unteilbaren kleinsten Teilchen, die Atome, wirklich geben musste. Ernest Rutherford hatte herausgefunden, dass in ihrem Inneren ein positiv geladener Kern steckt und die Elektronen sich viel weiter außen aufhalten. Doch mit diesen Elektronen war etwas seltsam, sie konnten nur ganz bestimmte Energiewerte annehmen. Dies schloss man aus der Beobachtung des Lichtes, das erhitzte Stoffe abgaben. Die Atome strahlten nur bei einigen wenigen, ganz bestimmten Frequenzen, also sehr eng gefassten Farbbereichen. Und sie absorbierten auch nur Licht ganz bestimmter Frequenzen – was, wie wir gesehen haben, gleichbedeutend mit Photonen bestimmter Energien war. Es sah erst einmal so aus, als kreisten die Elektronen zwar um die Atomkerne, aber nicht irgendwo, sondern auf ganz bestimmten festgelegten Bahnen. Niels Bohr entwickelte ein dazu passendes Atommodell, das auch heute noch als Bild in den Köpfen der meisten naturwissenschaftlich interessierten herumspukt, wenn es um den Aufbau von Atomen geht. Dank de Broglie kennen wir aber auch die

Vorstellung, in der sich die Elektronen auch wie eine Welle verhalten und man sie sich deshalb auch über die ganze Hülle verschmiert denken kann.

Die Tatsache, dass Elektronen im Atom nur diese diskreten Energiezustände annehmen können, schien mit Einsteins Entdeckung der Lichtquanten zusammenzupassen, von denen ja auch jedes für sich einen ganz bestimmten Energiebetrag übertrug. Nur, wie war das zu erklären?

Die Physiker verwendeten zwei Ansätze, die sich zuerst zu unterscheiden schienen: einige versuchten, hauptsächlich die Teilchenaspekte zu betrachten, andere konzentrierten sich auf die Welleneigenschaften. Werner Heisenberg war einer, der es lieber konkret hatte. Er versuchte die Teilcheneigenschaften mit mehrdimensionalen Matrizen zu erklären – das sind mathematische Objekte, in denen die Zahlen und Variablen in einer Art Tabelle angeordnet sind. Er stieß dabei auf eine weitere kuriose Eigenschaft in der Welt der subatomaren Teilchen. Man nennt es heute die Heisenberg'sche Unschärferelation, die ich schon kurz erwähnt habe. Sie besagt, dass das Produkt aus den Genauigkeiten, mit denen man einerseits den Ort und andererseits den Impuls eines Teilchens messen kann immer größer oder gleich einer bestimmten sehr kleinen Konstante ist, die aber in diesen Quantendimensionen durchaus relevant ist (Sie erinnern sich, dass der Impuls das Produkt von Masse und Geschwindigkeit ist, also ein Maß dafür, wie schwer es ist, ein Teilchen zu stoppen.).

Und was bedeutet das für unsere Welt?

Für unsere makroskopische Welt ändert sich erst einmal gar nichts. Kein Raser kann sich bei der Polizei herausreden, indem er sagt: „Na, wenn Sie mich an dieser Stelle geblitzt haben, dann können Sie aufgrund der Unschärferelation meine Geschwindigkeit gar nicht so genau gemessen haben." Bei einem winzigen Elektron wird die Beziehung aber wichtig. Sie besagt mehr oder weniger: Wenn ich die Geschwindigkeit und die Masse eines Teilchens sehr genau messe, dann kann ich gar nichts darüber sagen, wo es sich gerade aufhält. Und anders herum: Wenn ich genau messe, wo es sich aufhält, kann ich nichts über seine Geschwindigkeit aussagen. Damit ist unser Verständnis von Zusammenhängen grundsätzlich durch diese Unschärferelation begrenzt. Heisenberg glaubte, dass weder die Vergangenheit noch die Zukunft berechnet werden können, bis sie durch eine Messung festgelegt werden, weil alle Parameter, die die Bewegung eines subatomaren Teilchens beschreiben, der Orts-Impuls-Unschärfe unterliegen.

Eine analoge Beziehung fand Heisenberg später auch für die Energie- und Zeitunschärfe. Man kann also in einem sehr eng begrenzten Zeitintervall nichts über die Energie aussagen, die in einem Teilchen steckt.

Ist das nun alles so erstaunlich?

Na ja, deutlich wird es vielleicht nur, wenn man es auf die makroskopische Welt überträgt. Bei der Impuls-Orts-Unschärfe habe ich das Beispiel schon genannt. Wäre die besagte Konstante so groß, dass sie auch für Autos relevant wäre, würde man den Raser niemals für seine Geschwindigkeitsüberschreitung verurteilen können, weil man die Messung ja nur an einem ganz konkreten Ort durchführt. Ein winziges Elektron kann deshalb niemals für zu schnelles Fliegen verurteilt werden.

Noch überraschender ist vielleicht die Zeit-Energie-Unschärfe. Wie paradox sie ist, wird wieder klarer, wenn wir sie aus subatomaren auf makroskopische Dimensionen vergrößern. Stellen wir uns vor, ich könnte meine Energie nur verändern, indem ich in unserem Haus ein Stockwerk nach oben oder unten gehe – also meine Höhenenergie variiere. Wenn man mir eine Stunde lang zuschaut, dann bleibe ich im gleichen Stockwerk. Wenn man mich aber nur eine winzig kleine Zeiteinheit anschaut, dann könnte es ebenso sein, dass ich kurz im Keller oder im Dachgeschoß bin.

Heisenberg versuchte, sein Bild der Orts-Impuls-Unschärfe damit zu erklären, dass eine Messung ja automatisch den Impuls eines beobachteten Teilchens verändere, weil man dazu etwa ein Lichtteilchen benötigt, das mit dem beobachteten Teilchen zusammenstößt und so dessen Impuls verändert. Doch nach weiteren Überlegungen kamen die Physiker zu dem Schluss, dass etwas viel Tiefgründigeres dafür verantwortlich ist.

Und dies kam nun von der Fraktion, die sich die Atome von der Seite des Wellenaspekts ansah. Erwin Schrödinger fand intuitiv eine Differenzialgleichung, deren Lösungen das Verhalten der Elektronen erklären konnte.

Intuitiv?

Ja, intuitiv. Wir hatten schon besprochen, dass es nicht leicht ist, mathematische Verfahren auf die Wirklichkeit zu übertragen. Die Physiker tun es trotzdem immer wieder – Hauptsache, es funktioniert. Das ist nicht ungewöhnlich. Auch Newton hat schon bei seinem ersten Gesetz, nach dem die Kraft, die etwas bewirkt, gleich dem Produkt aus Masse und Beschleunigung ist, intuitiv eine mathematische Formel auf die Wirklichkeit angewandt, weil sie die richtigen Werte ergab. Hätte er statt der Beschleunigung das Quadrat der Beschleunigung verwendet, hätten die Messergebnisse der Formel widersprochen, und diese wäre damit ungeeignet gewesen, den physikalischen Zusammenhang zu beschreiben. Bei Schrödinger war es nicht anders. Er überlegte sich, welche Formel passen könnte und kam eben zu seiner, heute nach ihm benannten, Gleichung.

Die Lösungen dieser Gleichung drückten den Wellenaspekt des behandelten Objekts, zum Beispiel eines Elektrons aus. Sie ergeben für Elektronen in Atomen die richtigen, diskreten Energiewerte. Aus Sicht der Physiker war das ein riesiger Fortschritt. Doch was bedeuteten die Lösungen der Gleichungen für den Ort?

Niels Bohr und einige Kollegen mixten die Erkenntnisse von Heisenberg und Schrödinger und entwickelten die berühmte Kopenhagener Deutung der Quantenmechanik. Weil Heisenberg die Ansicht vertrat, Ort und Impuls könnten nicht gleichzeitig genau bestimmt werden, kann man schließen, dass es eine bestimmte Wahrscheinlichkeit gibt, dass sich ein Quantenteilchen an einem bestimmten Ort befindet.

„Zufall ist das Synonym Gottes, wenn er etwas nicht selber unterschreiben will."
(Anatole France, 1844–1924)

Und genau diese Wahrscheinlichkeit lässt sich aus der Lösung der Schrödingergleichung berechnen.

Das Erstaunliche daran ist, dass sich die Teilchen auch dort befinden können, wo sie aufgrund ihrer Energie eigentlich gar nicht sein können – so wie die Lösung für mich den Fall ergeben könnte, dass die Wahrscheinlichkeit, dass ich plötzlich in unserem Speicher oder Keller sitze, nicht null ist.

> UND WAS MIR DIE MÖGLICHKEIT GIBT, ELEKTRONEN IN EUREN GEHIRNEN AUF DIE MORALISCH RICHTIGEN BAHNEN ZU LEITEN.

Im Prinzip vielleicht auch das, nur mischen wir hier schon wieder Religion und Naturwissenschaft, obwohl das – wie wir inzwischen herausgefunden haben – gar nicht notwendig ist, weil ja auch die Naturwissenschaft nur in Gleichnissen spricht.

Ich behaupte das, weil es natürlich schon wieder einmal unserem gesunden Menschenverstand widerspricht, dass ich plötzlich im Speicher sitzen – beziehungsweise was die entsprechende Analogie ist – ein Elektron sich irgendwo aufhalten kann, wohin es aufgrund seiner Energie gar nicht hinkommen könnte – man nennt das „Tunneln", weil sich das Quantenteilchen eine Art Tunnel durch eine eigentlich unüberwindbare Barriere graben kann.

Die Physiker haben hier bei dem Bild die klassischen Pfade der Erklärung der Natur verlassen und übergeben die Krone dem mathematischen Formalismus. Er steht nun an der Stelle der Gleichnisse, die man sonst für anschauliche Bilder verwenden würde. Grund für diese Machtübernahme ist natürlich, dass uns das Verstehen verlässt, die Mathematik in ihrer Abstraktheit noch weiterführt, selbst wenn die Erklärungen für die Anschauung nicht mehr logisch sind.

Diese Wahrscheinlichkeitsinterpretation hat viele gewöhnungsbedürftige Folgen. Wir behaupten also, die Wellenfunktion, die das Verhalten eines Teilchens beschreibt gibt nur die Wahrscheinlichkeit an, dass ein Teilchen eine bestimmte Eigenschaft (z. B. einen Aufenthaltsort) hat. Sie hat irgendwo ein Maximum, also einen Wert, der am wahrscheinlichsten ist (z. B. wo es sich mit der größten Wahrscheinlichkeit aufhält).

Aber muss das Teilchen nicht ganz konkret irgendwo sein?

Nein, eben nicht. Das Teilchen, oder eine seiner Eigenschaften, ist über die gesamte Bandbreite seiner Möglichkeiten „verschmiert“. Es hat alle Eigenschaften, die es prinzipiell annehmen kann, gleichzeitig und zwar solange, bis ein Beobachter eine Messung durchführt und die Wellenfunktion damit „zum Kollaps bringt“, wie das die Physiker ausdrükken. Das heißt, eine konkrete Eigenschaft hat das Teilchen erst, wenn wir es beobachten.

Nehmen wir als Beispiel einen Prozess, der in der Natur nicht selten vorkommt: Ein Teilchen, das sich nicht um die eigene Achse dreht, zerfällt in zwei andere, die sich um die eigene Achse drehen, man sagt, sie hätten einen Spin. Die Quantenmechanik schreibt vor, dass dieser Spin nur ganz bestimmte Werte annehmen kann. Wir können uns vorstellen, dass sich die Teilchen, die entstanden sind, nur rechts- oder linksherum, aber gleichschnell drehen können. Weil sich das ursprüngliche Teilchen nicht gedreht hat, müssen die Teilchen, die entstanden sind, sich in entgegengesetzte Richtungen drehen, also eines links-, das andere rechtsherum, damit es insgesamt keine Drehung ergibt. Wenn wir nun eines dieser Teilchen betrachten, wissen wir, es kann sich nur links- oder rechtsherum drehen. Die Wahrscheinlichkeitsinterpretation der Quantenmechanik sagt aus, dass es sich, solange wir es nicht beobachten, in einem Zwischenzustand von links- *und* rechtsherum drehend befindet. Erst wenn wir es beobachten, nimmt es einen konkreten Wert an und wir können sagen: Gut, es dreht sich also linksherum.

DAS SCHEINT MIR FÜR DEN VERLAUF DER WELT JA SEHR WICHTIG ZU SEIN!

Für die Wahrnehmung der Wirklichkeit ist es sehr wichtig, ja. Und es ist wiederum ein Beispiel dafür, dass uns die Physik nur Bilder liefert, die uns ein Gefühl für die Wirklichkeit geben können, nicht aber wirklich eine Erklärung in Form einer „Wahrheit". Diese Wahrscheinlichkeitsinterpretation weist nämlich dem Beobachter eine unglaublich wichtige Stellung zu: Sie bringt mehr oder weniger zum Ausdruck, dass jedes Objekt erst dadurch eine Eigenschaft bekommt, wenn man es beobachtet. Ohne Beobachter hat es alle möglichen Eigenschaften gleichzeitig. Das ist kein Witz, es ist wirklich so gemeint, und die Wahrscheinlichkeitsinterpretation ist die von fast allen Wissenschaftlern akzeptierte Interpretation von Schrödingers Formeln. Viele Physiker weigerten sich jedoch, sie in allen Konsequenzen zu akzeptieren. Einstein war einer davon. Er fragte: „Glauben Sie wirklich, der Mond sei nicht da, wenn keiner hinschaut?"

Und selbst Schrödinger gefiel nicht, was da die anderen in seine Formeln hineininterpretiert hatten. Er brachte sein Unbehagen in einem Gedankenexperiment zum Ausdruck. Es wurde berühmt unter dem Begriff „Schrödingers Katze". Er schrieb selbst:

„Eine Katze ist in einer Stahlkammer eingepfercht, zusammen mit folgender teuflischer Vorrichtung (die vor einer direkten Einflussnahme der Katze geschützt sein muss): In einem Geigerzähler befindet sich ein wenig einer radioaktiven Substanz, so winzig, dass vielleicht pro Stunde ein Atom davon zerfällt, aber mit der gleichen Wahrscheinlichkeit auch gar keines. Wenn das passiert, entlädt sich das Zählrohr und löst über einen Schaltkreis einen Hammer, der eine kleine Flasche mit Blausäure zerschlägt. Wenn man dieses gesamte System eine Stunde lang stehen lässt, würde man doch sagen, dass die Katze immer noch lebendig ist, wenn kein Atom zerfallen ist. Der erste Zerfall würde sie vergiftet haben."

„Immer wenn ich von Schrödingers Katze höre, greife ich nach meinem Revolver."
(Stephen Hawking, geb. 1942)

Nach der Wahrscheinlichkeitsinterpretation der Quantenmechanik ist die Katze eine Stunde lang in einem Mischzustand zwischen tot und lebendig. Erst wenn wir die Kiste öffnen, kollabiert ihre Wellenfunktion, sie nimmt einen konkreten Zustand an und ist nur noch eines von beiden. Das ganze war zum Glück wirklich nur ein Gedankenexperiment. Niemand hat bisher eine Katze in eine derartige Vorrichtung gesteckt. Zweifelt nun jemand daran, dass die Katze die ganze Zeit nur eines war, entweder tot oder lebendig, aber nicht beides gleichzeitig? Auch wenn kein Beobachter da war?

VIELLEICHT HABE ICH SIE JA DIE GANZE ZEIT BEOBACHTET?

DU mischt DICH schon wieder in naturwissenschaftliche Zusammenhänge ein. Das bringt uns in Teufels Küche.

NEIN, DA WOLLEN WIR NICHT HIN!

Das glaube ich, denn auch für DICH könnte diese Betrachtungsweise ungeahnte Folgen haben. Gibt es DICH, wenn DICH keiner betrachtet, wenn keiner da ist, der an DICH glaubt? Ohne Beobachter, also ohne Menschen wäre Gott eine Wahrscheinlichkeitswolke aus der Möglichkeit, dass es ihn gibt und der Möglichkeit, dass es ihn nicht gibt. Erst indem wir ihn beobachten, wird er in die Realität geholt. Dann wären wir nicht die Geschöpfe Gottes, sondern Gott durch uns erst in die Wirklichkeit gebracht. Eine Vorstellung, die kaum einem Gläubigen behagen mag.

Wie auch immer, die Überlegung macht deutlich, wie sehr die Gleichnisse, die die naturwissenschaftliche Forschung aufstellt, unserer natürlichen Anschauung widersprechen. Das soll nun nicht heißen, dass der quantenmechanische Formalismus und seine Interpretation falsch wären. Er gibt in sich konsequent ein Gleichnis für die Wirklichkeit wieder und führt zu neuen offenen Fragen und weiteren Lösungen.

Der Ausdruck „führt zu“ ist hier aber durchaus bereits zu hinterfragen, denn die Wahrscheinlichkeitsinterpretation der Quantenmechanik stellt eines der grundlegenden Konzepte der Naturwissenschaft in Frage, das von Ursache und Wirkung. Jede naturwissenschaftliche Untersuchung geht automatisch davon aus, dass jedes Ereignis eine Ursache hat und dass man diese im Prinzip erforschen kann. Wenn aber ein System eine Eigenschaft annehmen kann, die außerhalb ihres Wahrscheinlichkeitsmaximums liegt, gilt dann die klassische Vorstellung noch, dass alles einen rational belegbaren Auslöser haben muss?

„Alles, was lediglich wahrscheinlich ist, ist wahrscheinlich falsch.“ (René Descartes, 1596–1650)

Wenn sich das Quantenteilchen plötzlich unvermutet in seinem „Speicher“ aufhalten kann, obwohl es dazu eigentlich eine zu geringe Energie hat, kann man höchstens noch von Statistik sprechen, aber nicht mehr von Ursache und Wirkung. Die Welleninterpretation der Quantenmechanik hat den Determinismus endgültig zu den Akten gelegt. Wie soll dann die Wissenschaft „wahre“ Erkenntnisse gewinnen können?

Albert Einstein hat zum Beispiel mit seinen Kollegen Boris Podolsky und Nathan Rosen auf einen weiteren kuriosen Effekt der Wahrscheinlichkeitsinterpretation hingewiesen (EPR-Paradoxon). Wenn man zwei Teilchen betrachtet, wie wir es oben getan haben, die mit entgegengesetzen Drehrichtungen auseinanderfliegen, kennt man ja die Drehrichtung des einen, wenn man die des anderen bestimmt, da sie entgegengesetzt sein muss. Man sagt, die Teilchen seien verschränkt. Gleichzeitig ist jedes der Teilchen in seinem Mischzustand zwischen rechts- und linksherumdrehend. Stellen Sie sich vor, Sie lassen die Teilchen durch das halbe Sonnensystem fliegen und messen dann bei einem die Drehrichtung. Dann kollabiert seine Wellenfunktion und ganz plötzlich befindet es sich nicht mehr in einem Mischzustand, sondern konkret in einem der beiden möglichen. Da die beiden Teilchen aber verschränkt sind, muss nun auch zur gleichen Zeit die Wellenfunktion des anderen Teilchens kollabieren, da es ja nur noch eine Möglichkeit für die Drehrichtung hat, nämlich entgegengesetzt zu der des Teilchens, das weiter durch das ganze Sonnensystem geflogen ist. Das Problem ist nur, wie hat es davon erfahren, wo Physiker doch längst wissen, dass sich Information nicht schneller als mit Lichtgeschwindigkeit ausbreiten kann? Die verschränkten Teilchen „wissen" vom Zustand des anderen und wenn auch die halbe Galaxis zwischen ihnen liegt. Das kann doch nicht funktionieren! So sagten Einstein, Podolsky und Rosen und nannten es EPR-Paradoxon! Funktioniert schon! Inzwischen haben Physiker nachgewiesen, dass dieser Informationsaustausch mit Überlichtgeschwindigkeit stattfindet und nennen es heute EPR-Effekt. Nur ein neuer Name? Durchaus nicht, denn dass Informationen – und seien es nur die zwischen den beiden beteiligten Teilchen – mit Überlichtgeschwindigkeit ausgetauscht werden können, widerspricht allen bisherigen Annahmen der Physiker.

„Die Quantenmechanik ist die Theorie darüber, was wir nicht wissen und was wir nicht vorhersagen können."
(Stephen Hawking, geb. 1942)

Das macht aber gar nichts, denn wir haben eben das Bild, dass nichts schneller als Licht sein kann und gleichzeitig verschränkte Teilchen ohne Zeitverlust Informationen austauschen können. Es handelt sich um nichts weiter als um eine Erweiterung des Modells – wir sollen ja nur ein Gefühl dafür bekommen, wie das Universum funktioniert!

Am Anfang war das Chaos und herrscht bis heute

Wir könnten nun beruhigt sein, denn all diese Quantenphänomene scheinen mit der Welt, wie wir sie kennen, wenig zu tun zu haben. Bei Wahrscheinlichkeiten ist es ja immer so, dass sich in makroskopischen Systemen Extreme herausmitteln und man die vertrauten Zustände erhält.

Ein Beispiel ist die Luft. Der Aufenthaltsort der Luftmoleküle ist statistisch bestimmt, sie flitzen hin und her und können einmal da und einmal dort sein. Die Wahrscheinlichkeit, dass sich zu einem bestimmten Zeitpunkt alle Luftmoleküle in einer Ecke des Zimmers versammeln, ist nicht null, aber haben Sie schon einmal gehört, dass jemand erstickt wäre, weil dies tatsächlich passiert ist und er in der anderen Ecke stand? Gleiches gilt für die Temperatur der Luft. Die Bewegungsenergie, die in den Luftmolekülen steckt, macht sich als Wärme bemerkbar. Die Gesamtenergie ist auf alle Teilchen verteilt, wenn es auch immer solche geben wird, die ganz schnell und andere, die ganz langsam sind. Im Mittel sitzen wir in einem Raum mit 21 Grad Celsius und frieren nicht an den Füßen und schwitzen am Kopf, weil unten langsame und oben schnelle, energiereiche Luftteilchen sind (das hat andere Gründe).

Ich habe das Chaos eben gut geordnet, getrennt, was nicht zusammengehört und vermischt, was zu Extremen neigt. So werden kleinere als ich nie eine Chance haben, wieder Unordnung zu stiften.

Die Chaostheorie – eine bunte Mischung aus Physik, Mathematik und Informatik – malt da ganz andere Bilder. Schon Ende des 19. Jahrhunderts erkannte Jaques Hadamard, dass sich Billardkugeln chaotisch verhalten und Henri Poincaré fand Lösungen für die Umlaufbahnen dreier Himmelskörper (etwa Sonne, Erde und Mond) unter dem Einfluss der Gravitation, die sich nicht wiederholten. Doch die Chaostheorie, wie wir sie kennen, wurde in den 1960er Jahren von dem amerikanischen Mathematiker und Meteorologen Edward Lorenz entwickelt. Er dachte sich Wettermodelle aus und ließ die Ergebnisse von einem Computer berechnen. Dabei bemerkte er, dass winzige Änderungen in den Eingangsbedingungen zu sehr großen Änderungen im Ergebnis führen. Es entstand das Bild des Schmetterlingseffekts, nach dem der Flügelschlag eines Schmetterlings am Amazonas einen Tornado in den USA auslösen könnte.

Wenn der Flügelschlag zum Tornado führt, dann ist das aber kein Chaos, sondern der Tor-

NADO HAT EINE URSACHE. ICH HABE DAS CHAOS ALSO DOCH BESIEGT!

Das ist richtig. Chaos heißt nicht, dass hier etwas vollkommen ungeordnet abläuft; es geht um einen deterministischen Prozess, nur dass erstens kleine Änderungen große Wirkung haben und zweitens, und das ist das „chaotische", dass mehrere verschiedene Ausgangsbedingungen zum gleichen Ergebnis führen. Das heißt, ein Flügelschlag des Schmetterlings führt zum Tornado, der Flügelschlag zweier Schmetterlinge führt zu einem starken Regen und der Flügelschlag dreier Schmetterlinge führt wieder zu einem Tornado – diesen Tornado, also das konstante Ergebnis, nennen die Naturwissenschaftler einen Attraktor. Problem dabei ist, dass man aufgrund des chaotischen Verhaltens nicht mehr vom Ergebnis auf die Ursache schließen kann, weil viele verschiedene Ursachen zum gleichen Ergebnis führen können.

DAS HEISST, WENN ES IN DER WELT NOCH EIN WENIG CHAOS GIBT, DANN KANN KEINER SAGEN, OB ICH DIE URSACHE DER WELT WAR ODER IRGENDEIN PHYSIKALISCHER VORGANG.

Dieser Schluss scheint mir etwas übertrieben; wichtig ist nur, dass wir, wenn wir die Mathematik und numerische Verfahren als Sprache verwenden, aus dem Zustand von heute nicht auf den von gestern schließen können, nicht einmal bei einem deterministischen System, wie dann erst bei einem System, das von der Quantenmechanik beherrscht wird? Mein Zweifel gilt natürlich nur dann, wenn sich das System chaotisch verhält, aber wer kann sagen, dass sich das Universum oder die Entwicklung des Lebens (nach dem naturwissenschaftlichen Bild) nicht zu irgendeinem Zeitpunkt seiner Entstehung in einem chaotischen Zustand befunden haben? Wenn das nur für eine kurze Zeitspanne der Fall war, dann hat dies heute zur Folge, dass wir zugeben müssen, dass wir letztlich nicht herausfinden können, woher wir kommen. Zumindest dann nicht, wenn wir das Prinzip der naturwissenschaftlichen-mathematischen Gleichnisse verwenden.

Mit dem Big-Bang begann alles

Womit fangen wir nun dieses Kapitel an?

> Am Anfang schuf Gott Himmel und Erde... und Gott sprach: Es werde Licht! Und es ward Licht. Und Gott sah, dass das Licht gut war.

Ja, das Buch Genesis hat Dir ziemlich viele Scherereien eingebrockt. Du musst Dich auch heute noch an der Frage messen lassen, ob Du die materielle Welt geschaffen hast, und wenn nicht, dann ist das für viele gleichbedeutend damit, dass es Dich nicht geben kann. Wäre denn kein anderer Anfang möglich gewesen?

> Am Anfang war der Logos und der Logos war bei Gott und Gott war der Logos ... Alle Dinge sind

DURCH DENSELBEN GEMACHT UND OHNE DENSELBEN IST NICHTS GEMACHT, WAS GEMACHT IST.

Der Evangelist Johannes bringt DICH mit seinem Anfang auf eine Ebene, auf der es so aussieht, als könnten sich Theologen mit Naturwissenschaftlern unterhalten. In den meisten Übersetzungen steht da ja der Begriff „das Wort". Der Autor des Johannesevangeliums verwendet aber den griechischen Ausdruck „Logos", den man auch im Sinne eines allgemeineren Prinzips einer Weltvernunft oder eines Gesamtsinns der Wirklichkeit verstehen kann – und das gefällt natürlich den Vernunftgeprägten. Mehrere Jahrhunderte lang haben sie versucht, die Entstehung der Welt rational zu begründen. Die naturwissenschaftliche Methode schien geeignet allen mystischen Zauber aus der Welt auslöschen zu können, doch dann war es gerade eine naturwissenschaftliche Entdeckung, die in vielerlei Hinsicht die Tür zu Gott wieder aufzustoßen schien: Der Urknall.

Bevor wir uns damit beschäftigen, inwiefern der Urknall als ein verbindendes Ereignis für Theologie und Naturwissenschaft sein kann, sollen die naturwissenschaftliche Entwicklung und die Physik, die dahinter steckt, beschrieben werden.

Anfang des 20. Jahrhunderts waren sich die meisten Astronomen einig, dass das leuchtende Band am Nachthimmel, die Milchstraße, unser Universum darstellt. In einer Scheibe von 100.000 Lichtjahren Durchmesser befanden sich 100 bis 300 Milliarden winzige strahlende Pünktchen, die Sterne. Das schien nun wirklich mehr als genug. Nur einige der Sterne, die man mit leistungsfähigen Teleskopen beobachten konnte, waren etwas verschmiert. Man vermutete, dass es Gasnebel waren, aus denen sich später weitere Sterne bilden könnten. Manche davon hatten die Form einer Spirale. Zwischen 1912 und 1914 untersuchte Vesto Slipher mehrere dieser Spiralnebel und stellte fest, dass ihr Licht nach Rot verschoben war.

Gab es viele Rote Sterne darin?

Nein, das ist etwas komplizierter. Wir wissen ja schon, dass die Atome nur Licht in ganz begrenzten Frequenz- oder Farbbereichen abgeben, und genau diese bekannten Frequenzbänder waren verschoben. Wenn ein Element zum Beispiel in einem ganz bestimmten Orangeton leuchten sollte, so strahlte es nun tiefrot. Das war sehr überraschend, denn jedes Element liefert genau ein Frequenzspektrum, also eine bestimmte, eindeutige Farbverteilung, die so ähnlich wie ein Fingerabdruck ist. Für die Farbverschiebung gab es jedoch bereits eine Erklärung:

Wir kennen ein ähnliches Phänomen von Polizei- oder Feuerwehrautos, die an uns vorbeifahren. Kommt das Fahrzeug auf uns zu, dann klingt das Martinshorn höher, entfernt es sich, klingt es tiefer als es eigentlich sollte. Das kommt daher, dass die Schallwellen bei einer sich nähernden Schallquelle gestaucht und bei einer sich entfernenden Schallquelle gestreckt werden. Gleiches gilt für eine Lichtquelle. Man konnte aus der Rotverschiebung also folgern, dass sich die Nebel von uns entfernten.

Etwa zur gleichen Zeit saß Albert Einstein in seinem Studierstübchen und ärgerte sich über die Gleichungen, die er ersonnen hatte, sagten sie ihm doch, dass sich das

Universum ausdehnen müsse. Er hielt das für physikalischen Unsinn und fügte kurzerhand einen weiteren Term ein, der diesen Ausdehnungseffekt kompensierte – die kosmologische Konstante. Später soll Einstein diese kosmologische Konstante als seine „größte Eselei" bezeichnet haben (Heute braucht man sie übrigens wieder, um das Verhalten des Universums zu erklären).

„Sie [die Theologen] hatten immer an das Bibelwort geglaubt: Am Anfang schuf Gott Himmel und Erde. ... Für den Naturwissenschaftler, der bislang fest an die Macht der Vernunft geglaubt hatte, endet die Geschichte [mit der Entdeckung des Urknalls] wie ein böser Traum. Er hat die Berge der Unwissenheit erklommen, er steht davor, den höchsten Gipfel zu erobern, und in dem Moment, da er über den letzten Felsen klettert, wird er von einer Schar Theologen begrüßt, die bereits seit Jahrhunderten dort oben sitzen." (Robert Jastrow, 1925–2008)

Andere, wie der russische Mathematiker Alexander Friedmann und der belgische Astrophysiker und Theologe Abbé Georges-Henri Lemaître nahmen Einsteins Gleichungen ernster und glaubten wirklich an die Ausdehnung des Kosmos. Zu Lemaîtres Weltbild passte die Idee sehr gut. Er war der erste, der auch in die andere Richtung dachte und schloss, dass dann alle Materie einmal an einem Raum, der etwa dreißigmal so groß war wie die Sonne, versammelt sein musste und dass damit die Welt einen Anfang gehabt haben muss.

Der Zeitpunkt der Schöpfung.

Ja, Du hast Recht. Für den Theologen Lemaître war dieser Anfang gleichbedeutend mit der Schöpfung durch Dich –

und er wurde, weil er diese Ansicht vertrat, von den meisten Wissenschaftlern nicht ernst genommen. Kein Wunder, denn bis zu diesem Zeitpunkt war das alles noch eine Theorie, die im Wesentlichen nicht bewiesen war. Es fehlte noch ein entscheidender Baustein: Man wußte nicht, wie weit die Sterne von uns entfernt waren. 1923 untersuchte dann Edwin Hubble den Andromedanebel und fand dort einen Stern, dessen Helligkeit sich regelmäßig änderte. Dieses Phänomen erlaubte es, den Abstand zu berechnen, und er fand heraus, dass der Andromedanebel viel weiter entfernt war als jeder Stern in unserer Milchstraße. Andromeda war also nicht nur eine diffuse Gasansammlung, es war eine eigenständige Milchstraße. In der Folgezeit wies Hubble nach, dass es noch viele solche Galaxien gab.

Diese Entdeckung war eine weitere Revolution, denn der Horizont des Kosmos hatte sich noch einmal ungeheuer erweitert. Hatte man ursprünglich die Erde in den Mittelpunkt gesetzt, wurde sie dann zu einem von mehreren Objekten, die um die Sonne kreisten. Schließlich begriff man, dass die Sonne nur ein Stern von vielen in der Milchstraße war und nun auch noch das: die Milchstraße war nur eine von vielen Galaxien! Wo war da unsere Besonderheit?

Hubble bestimmte die Abstände all dieser Galaxien und zudem die Rotverschiebung und fand heraus, dass sich fast alle Galaxien von uns wegbewegen (die scheinen uns nicht

„Wer sind wir? Wir mussten einsehen, dass wir auf einem unbedeutenden Planeten eines alltäglichen Sterns leben, verloren in einer Galaxis, die in einem vergessenen Winkel des Universums versteckt ist, in der es weit mehr Sterne als Menschen gibt.“ (Wernher von Braun, 1912–1977)

zu mögen!) und sich diese Sternensysteme umso schneller von uns entfernten, je weiter weg sie waren. Dafür gab es nur eine Erklärung: Das Universum musste sich tatsächlich ausdehnen und – wie schon Lemaître behauptet hatte – zu einer bestimmten Zeit von einem Punkt aus „gestartet" sein. Diese Ausdehnung darf man sich nicht so vorstellen, dass alle Galaxien sich allmählich in den sie umgebenden leeren Raum ausbreiten. Es ist vielmehr der Raum selbst, der sich ausdehnt. Stellen Sie sich am besten einen Luftballon vor, auf dessen Oberfläche die Sterne und Galaxien als Punkte gemalt sind. Wenn Sie den Luftballon weiter aufblasen, entfernen sich alle Punkte voneinander. Sie müssen dieses Gleichnis nur noch dadurch in die Wirklichkeit umsetzen, indem sie die zweidimensionale Oberfläche auf die dreidimensionale Wirklichkeit des Raumes übertragen.

Die meisten Theoretiker gehen heute davon aus, dass ganz am Anfang die Zeit selbst eine Dimension des Raumes war und sich erst allmählich kurz nach der Entstehung des Kosmos vom Raum getrennt hat. Sie müssen sich also nur einen vierdimensionalen Raum vorstellen, in dem es am Anfang keine Zeit gab, denn die Zeit ist ja erst mit dem Kosmos entstanden – das können Sie nicht? Das macht nichts, das kann keiner!

Hubble erntete für seine Entdeckung nicht nur Lob, sondern auch eine Menge Spott. Der britische Astronom Fred Hoyle etwa schrieb, es sei ja wohl lächerlich, dass alles irgendwann mit einem großen Knall – dem Big Bang – auseinandergeflogen sei, und führte mit dieser Spöttelei ungewollt einen Fachbegriff ein, der bis heute erhalten blieb: den des Urknalls. Hoyle vertrat, wie viele andere auch, die

Theorie eines statischen Universums, in dem immer wieder neue Masse und Energie entstand, die die nach außen abdriftende ersetzte. Bis in die 1960er Jahre standen beide Theorien gleichberechtigt nebeneinander.

Doch theoretische Physiker hatten berechnet, dass beim Urknall eine Strahlung aufgetreten war, deren Überreste man eigentlich immer noch nachweisen können muss. Man vermutete, dass sie der eines schwarzen Körpers mit der Temperatur von 5 Kelvin, also -268 Grad Celsius, entsprechen müßte – eine Mikrowellenstrahlung. Viele Physiker machten sich auch gleich auf die Suche, denn dass ihr Nachweis mit einem Nobelpreis belohnt werden würde, war allen klar.

In der Nachbarschaft eines dieser Physiker – Robert Dicke von der Princeton Universität – ärgerten sich Arno Penzias und Robert Wilson von den Bell Laboratories im Jahr 1965, dass ihr Funkkontakt zu zwei neuen Satelliten durch ein Hintergrundsignal gestört wurde. Sie putzten ihre Antenne, drehten sie und versuchten alles Mögliche, um die Störung zu beseitigen, doch es gelang ihnen nicht. Es sah so aus, als käme die Störstrahlung aus allen Himmelsrichtungen. Ein Bekannter riet ihnen, zu Dicke zu gehen. Der hörte sich das Problem an und erkannte gleich, dass er nicht weitersuchen musste. „Jungs, jemand ist uns zuvorgekommen!", soll er seinen Mitarbeitern zugerufen haben. Penzias und Wilson hatten die Hintergrundstrahlung gefunden, die einer der Nachweise für den Urknall war. Diese Strahlung konnte durch ein statisches, das heißt, ein Universum, das sich nicht ausdehnt, nicht erklärt werden.

Aus der Theorie über die Vorgänge, die beim Urknall abliefen, konnte außerdem berechnet werden, in welchen Mengenverhältnissen die leichten Elemente, wie Wasserstoff, Helium, Beryllium usw. vorliegen sollten. Auch dies konnte inzwischen nachgemessen werden und stimmte mit den Vorhersagen überein.

War damit bewiesen, dass ich das Universum geschaffen hatte?

Damit war erst einmal bewiesen, dass das Universum und die Zeit einen Anfang gehabt haben müssen. Viele Naturwissenschaftler fanden das tatsächlich beunruhigend, weil sie sich vorstellen konnten, dass alles auf eine Schöpfung hinauslaufen könnte. Doch andere sagten: „Macht doch nichts! Solange wir die Anfangsbedingungen herausfinden können, kann das Universum ruhig einen Anfang gehabt haben." Anfangsbedingungen bedeutet hier folgendes: Wenn man aus naturwissenschaftlichen Überlegungen herausfinden kann, wie sich die Gesetzmäßigkeiten und Naturkonstanten, die wir vorfinden, ergeben haben, dann kann man alles naturwissenschaftlich erklären und benötigt die Gotteshypothese nicht.

„Dann würden wir uns alle … mit der Frage auseinandersetzen können, warum es uns und das Universum gibt. Wenn wir die Antwort auf diese Frage [nach den Anfangsbedingungen] fänden, wäre das der endgültige Triumph der menschlichen Vernunft – denn dann würden wir Gottes Geist erkennen." (Stephen Hawking, geb. 1942)

In den folgenden Jahren wurden diese Hoffnungen aber zunichte gemacht. Roger Penrose und Stephen

Hawking untersuchten auf der Grundlage von Einsteins Allgemeiner Relativitätstheorie die sogenannten Schwarzen Löcher. Wenn ein Stern mit einer genügend großen Masse all seinen Brennstoff verbraucht hat, kann er seiner eigenen Anziehungskraft nichts mehr entgegensetzen und bricht zusammen. Penrose und Hawking fanden heraus, dass es eine kritische Masse gab, ab der der Stern wirklich zu einem Punkt zusammenfiel. Seine Anziehungskraft ist dann so stark, dass nicht einmal mehr Licht, das an ihm vorbeikommt, entkommen kann, deshalb der Begriff „Schwarzes Loch". Man sieht zwar Schwarze Löcher am Himmel nicht, kann sie aber indirekt nachweisen.

Hawking und Penrose wandten später ihre Theorie der Schwarzen Löcher auf das ganze Universum an und schlossen, dass, wenn schon ein einzelner Stern eine so starke Eigengravitation haben kann, dass er sich zu einem einzigen Punkt zusammenzieht, dann muss es das ganze Universum erst recht. Das bedeutete, der Urknall ging nicht von einem Bereich aus, der dreißigmal so groß war wie die Sonne, wie Lemaître gemeint hatte, sondern von einem einzigen Punkt. Und hier kommen die Physiker ins Schwitzen, denn das bedeutete eine Singularität. An einer Singularität werden alle Werte unendlich groß und keine mathematische Theorie der Welt kann damit umgehen. Die offensichtliche Singularität des Urknalls schlug den Naturwissenschaftlern die Tür der Erkenntnis vor der Nase zu.

Und hier ist nun der eigentliche Punkt, wo sie neben den Theologen sitzen.

JA, DENN ICH HABE IHNEN NIE VERRATEN, WAS ICH VOR DER SCHÖPFUNG GETAN HABE.

Für die Theologen war das ein Geheimnis – und sie hatten keinerlei Problem, damit umzugehen. Gott bleibt für Menschen immer ein Stück geheimnisvoll. Nun hocken sie also neben den Naturwissenschaftlern, klopfen ihnen tröstlich auf die Schultern und sagen: „Macht doch nichts! Seid nicht traurig."

Doch die Naturwissenschaftler standen bockig auf, gingen zu ihren Tafeln und rechneten weiter. Gibt es nicht doch eine Möglichkeit, alles schlüssig zu erklären? Vermutlich gibt es viele Möglichkeiten. Es gibt da zum Beispiel die Theorie der Mutter-Kind-Universen. Stellen Sie sich noch einmal den Luftballon vor, der sich ausdehnt. Wenn Sie so einen Luftballon an einer kleinen Stelle einschnüren, dann könnte sich dort eine kleine Blase bilden, die selber wieder wie ein Luftballon aussieht – in unserem Bild ein neues Universum, das aus einem anderen hervorgegangen ist. Es kann sein, dass in diesem neuen Universum ganz andere Naturgesetze herrschen und die Naturkonstanten andere Werte haben. Wenn das oft genug passiert (unser Luftballon und alle daraus entstehenden sind beliebig dehnbar), dann muss irgendwann einmal ein Universum entstehen mit genau den Naturgesetzen, wie wir sie kennen.

„Auch wenn es nur eine mögliche Vereinheitlichte Theorie geben sollte, bleibt sie eine Reihe von Regeln und Gleichungen. Was ist es, das den Gleichungen Atem einhaucht und das Universum erschafft, das sie beschreiben sollen?" (Stephen Hawking, 1988)

Die Stringtheorie nimmt an, dass alle Teilchen und Strukturen durch eine Art von schwingenden Saiten in einem höherdimensionalen Raum (bis zu 11 Dimensionen) beschrieben werden könnten, in dem keine Singularitäten mehr auftreten und in dem deshalb die Entstehung des Universums erklärt werden kann.

Stephen Hawking hat ein Modell erdacht, in dem er sich die Zeit nicht als reelle Größe, sondern als imaginäre vorstellt. Eine imaginäre Zahl ist ein mathematisches Objekt, dessen Quadrat eine negative Zahl ergibt. Sie wissen, dass sowohl 4 mal 4 als auch –4 mal –4 die Zahl 16 ergibt. Die Wurzeln aus 16 sind also 4 und –4. Aber was ist die Wurzel aus –16? So etwas gibt es in der Menge der reellen Zahlen nicht. Deshalb führte man die imaginären Zahlen. Man schreibt einfach ein „i" für imaginär dahinter und dann gibt 4i mal 4i und –4i mal –4i gleich –16. Der Kunstgriff erlaubt es Hawking, die Zeit aus der Singularität herauszunehmen und – vereinfacht gesagt – zu behaupten, sie sei schon immer da.

UND DAMIT SIND DIE PHYSIKER DURCH DIE VERSCHLOSSENEN TÜREN GEGANGEN UND HABEN DIE THEOLOGEN WIEDER ALLEIN GELASSEN.

Das sieht nur so aus, denn die Physiker haben damit auch die Bühne der Naturwissenschaften verlassen, die immer von Beobachtung und Falsifizierbarkeit ausgeht. All diese Erklärungen sind mathematische Theorien, die nicht an der Wirklichkeit überprüft werden können. Die Babyuniversen zum Beispiel schlüpfen aus dem Mutteruniversum durch 10^{-33} Meter große Löcher, das heißt, die 1 kommt erst an der

33. Stelle hinter dem Komma. Derartiges zu beobachten verbietet schon die Unschärferelation der Quantenmechanik.

Die Stringtheorie (manche behaupten, es gebe eigentlich so viele Stringtheorien, wie Stringtheoretiker) stellt sich einen Raum vor, der so viele Dimensionen hat, dass uns die Übertragung auf die Wirklichkeit sehr schwerfällt, und die Physiker, die sich mit ihr befassen, haben bisher noch kein realistisches Kriterium angeben können, mit dem ihre Theorie überprüft werden kann.

„Es gefällt mir nicht, dass sie [die Stringtheoretiker] nichts ausrechnen. Es gefällt mir nicht, dass sie nichts nachprüfen. Es gefällt mir nicht, dass sie für alles, was im Widerspruch mit dem Experiment steht, eine notdürftige Erklärung zusammenbrauen, nur um sagen zu können: Nun ja, es könnte schon stimmen."
(Richard Feynman, 1918–1988)

Und wenn wir uns schon Gedanken darüber machen können, ob die reellen Zahlen auf die Wirklichkeit übertragbar sind, wie ist es dann erst mit den imaginären? Hawking selbst bezeichnet seine Überlegungen deshalb nicht einmal als Theorie, sondern nur als Denkmodell.

Interessanterweise kommt hier die Physik auf ein Niveau der vorplatonischen Philosophie zurück, etwa zu Parmenides von Elea (ca. 515–445 v. Chr.). Der hielt nicht so viel von Beobachtungen, weil er die Wirklichkeit nur als Schein betrachtete, relevant waren für ihn nur die Ergebnisse der Logik. Die theoretischen Physiker betrachten zwar sicherlich nicht die Wirklichkeit als Schein, doch ihre Methoden der mathematischen Erkenntnis als nahezu gleichberechtigt zur Beobachtung. Für manche ist sogar die Information an sich und ihre Verarbeitung das eigentlich Wirkliche.

Wir sind bei der Erklärung der Welt also endgültig wieder an einem Punkt angelangt, an dem wir entweder mit den Schultern zucken und von „Geheimnissen" sprechen müssen oder wo die mathematische Gleichnissprache das Ruder übernimmt. Womit wir zwar Bilder und Analogien sehen, die uns ein Gefühl für das vermitteln, was wirklich ist oder sein könnte, die diese Wirklichkeit aber nicht eindeutig abbilden können.

Bei der Suche nach dem Ursprung und der Herleitung der elementaren Naturkonstanten, also dem Wert der Elementarladung, der Stärke der Gravitation oder der starken und schwachen Kernkräfte sprechen die Naturwissenschaftler deshalb in letzter Zeit immer öfter vom anthropischen Prinzip. Es besagt, dass die Konstanten so sind wie sie sind, weil wir nicht da wären, um sie zu beobachten, wenn sie anders wären.

Wäre etwa die Anziehung durch die Gravitation größer, dann hätte sich das Universum nie so weit ausdehnen können. Es hätte sich irgendwann wieder zusammengezogen und wir hätten uns nicht entwickeln können. Wäre die Anziehungskraft schwächer, hätten sich keine Sterne und Planeten bilden können, und wieder hätte es uns nicht gegeben. Damit es menschliches Leben geben kann, dürfen diese Naturkonstanten nur in einem sehr engen Bereich schwanken. Und weil es uns gibt, haben sie offensichtlich den richtigen Wert.

Letztlich ist das anthropische Prinzip die Kapitulation der Physik. Der Grund für die Naturgesetze bleibt für immer hinter der Singularität des Urknalls verborgen.

Oder hinter dem Geheimnis meines Eingreifens.

Für die Naturwissenschaftler mag diese Antwort so gut sein wie jede andere, denn sie können nicht behaupten, mit ihren Methoden könnten sie eine finden, die gesicherter ist. Ihnen bleiben nur die Metaphern der Mathematik oder der Satz: Am Anfang war der Urknall.

GOTTES BIG-BANG

Was haben wir nun erreicht? Habe ich gezeigt, dass die theologische Erklärung der Welt genauso gut ist wie die naturwissenschaftliche?

> NEIN, DAS HAST DU NICHT, WEIL ICH DEIN AUSGANGSPUNKT WAR.

Du hast Recht. Und es war auch nie meine Absicht zu zeigen, dass die theologische und die naturwissenschaftliche Erklärung der physikalischen Welt gleichberechtigt nebeneinanderstehen. Ausgangspunkt war der gläubige Mensch, der seinen Glauben nicht auf Erkenntnisse stützt, die der naturwissenschaftlichen Methode genügen. Der Gläubige fällt eine intuitive Entscheidung für Gott, weil er den Eindruck hat, Gott spiegle sich in der Natur wieder, weil er den Aussagen anderer Menschen oder an die Offenbartheit der Bibel glaubt oder weil sich Gott ihm selbst in einer individuellen mystischen Verbindung offenbart hat. Der Gläubige stellt diese Entscheidung bewusst über die naturwissenschaftliche Methode.

Für den Naturwissenschaftler ergibt sich daraus jedoch ein Konflikt, denn wenn ein durch naturwissenschaftliche Methoden nicht nachweisbares personales Wesen in irgendeiner Form in die Welt eingreifen kann, wird eben diese naturwissenschaftliche Methode, die von Überprüfbarkeit und Reproduzierbarkeit ausgeht, in Frage gestellt.

Wir haben jedoch auch gesehen, dass die Theorien, die Naturwissenschaftler aufstellen, keine Wahrheit im Sinne einer eindeutigen Abbildung in die Wirklichkeit darstellen, sondern sich in vielen Fällen einer Art Bilder- und Gleichnissprache bedienen. Vor allem die mathematischen Verfahren können nicht ungefragt auf reale Phänomene übertragen werden, ohne in anschaulichen Analogien denken zu müssen. Und je tiefer die Naturwissenschaft, vor allem die Physik und Kosmologie in die Geheimnisse der realen Welt vordringt, desto weiter verlassen die Theorien den klassischen naturwissenschaftlichen Pfad der Überprüfbarkeit.

Dieser methodische Verlust ist aber nicht wirklich ein Problem der naturwissenschaftlichen Methode, und die Theorien sind für die Erforschung der Wirklichkeit nicht weniger wertvoll, denn sie vermitteln – trotz fehlender Nachprüfbarkeit – dem Menschen ein tieferes Gefühl für die Wirklichkeit.

Es geht dem Wissenschaftler dabei ähnlich wie dem Gläubigen, nur stellen sich beide unterschiedliche Fragen. Für den gläubigen Menschen drückt das Bild der Schöpfung durch Gott vornehmlich seine Gewolltheit aus. Der Mensch ist kein Produkt des Zufalls, sondern jeder von uns ist von Gott gewollt, jeder ist geliebt und jeder ist gebraucht, wie es Papst Benedikt XVI. ausgedrückt hat. Ob wir dabei schwingende Saiten in einem elfdimensionalen Universum der Stringtheorie sind oder die Zeit eine imaginäre Komponente hat, ist unwesentlich. Wesentlich ist, dass nicht die eine Betrachtungsweise der Anderen den Blick auf die Realität versperren sollte.

Kitty Ferguson schreibt in Ihrem tiefgründigen Buch „Gott und die Gesetze des Universums" wie die Sichtweise, die Brille hinter den Augen zuweilen das Ergebnis beeinflussen kann:

„Ich erinnere mich noch, dass ich als Kind zwei ‚Agenten-Brillen' besaß. Ich hatte sie mit einem Coupon auf einer Cornflakes-Schachtel bestellt. Ich erhielt zwei Brillen aus Karton und Zellophan, sowie eine Karte, die mit Flecken übersät war wie ein Gemälde von Seurat. Die Flecken ergaben mit bloßen Augen betrachtet kein Bild. Wenn man aber die eine Brille aufsetzte, konnte man vage etwas lesen – das Wort ‚Vorsicht'. Mit der anderen Brille ergaben die gleichen Flecken das Wort ‚Weitermachen'. Hätte ich nur die eine Brille bekommen, hätte ich niemals die zweite Mitteilung entdeckt. Und hätte ich überhaupt keine dieser Brillen gehabt, wären für mich beide Wörter nicht zu erkennen gewesen."

Diese Geschichte veranschaulicht sicher, warum man die beiden Brillen, die naturwissenschaftliche und die religiöse, benötigt, um die Wahrheiten hinter dem Gesamtbild zu finden. Für mich steckt darin jedoch noch etwas viel Erstaunlicheres: Wir sehen mit den Brillen beide Wahrheiten, doch immer noch bleibt die Tatsache, dass es ohne die Brillen noch ein weiteres, ganz anderes Bild gibt. Wenn wir filtern, werden wir zwar fündig, doch steckt in dem Bild nicht noch mehr als das, was wir mit den Brillen herausgefiltert haben? Der Kreationist könnte sagen: „Da steht *Vorsicht*." „Nein", antwortet der Wissenschaftler, „da steht

Weitermachen". Der Anhänger des Intelligent Design findet: „Da steht *Vorsicht Weitermachen.*" Aber auch diese Zusammenführung der Bilder beider Brillen ergibt kein Gesamtbild, das Gesamtbild ist noch mehr, es sind auch all die anderen farbigen Flecken. Fatal also für den, der nur immer eine Brille trägt, doch wer glaubt, wenn er beide Brillen benutzt, kann er die ganze Wahrheit erkennen, unterschätzt vielleicht immer noch, wie kompliziert das Gesamtbild ist. Was bedeutet das Ungefilterte mit dem Gefilterten im Hintergrund? Ist es bedeutungslos? Liegt die Bedeutung nur in seiner Schönheit? Werden wir es wohl jemals lösen, dieses Geheimnis?

Danksagung:

Ein Buch zu schreiben, in dem so vollkommen unterschiedliche Gedankensphären wie die der Naturwissenschaften, der Mathematik und der Theologie zur Sprache kommen, ist eine besondere Herausforderung, deshalb habe ich Vielen zu danken, die jeweils in diesen Sphären heimisch sind und mich beim Schreiben unterstützt haben. Allen voran danke ich meiner lieben und überaus klugen Frau Margarita Kraus. Sie hat in Mathematik habilitiert und hält an der Universität Mainz unter anderem Mathematikvorlesungen für Physiker, kein Wunder, dass sie mir oft bis spät nachts mit ihrem Rat zur Seite stehen musste. Auch ihr Kollege, Stefan Müller-Stach und der Biologe Albrecht Clement, ebenfalls von der Uni Mainz, haben dieses Buch kritisch unter die Lupe genommen und an vielen Stellen Verbesserungen bewirkt. „Meine beiden Diplom-Theologen" Ulrike und Markus Leim haben mich mit ihrem steten: „Was willst Du überhaupt sagen?" dazu gebracht, überall dort noch deutlicher zu werden, wo ich als Physiker alles ganz einfach fand, und mir über viele theologischen Stolpersteine geholfen. Vielen Dank dafür. Weitere, hilfreiche Meinungen erhielt ich von Ruth und Franz Kraus, Christiane Geldmacher und Wanja Wiese, auch ihnen herzlichen Dank.

Stephan Otto Horn/Siegfried Wiedenhofer (Hrsg.)

Schöpfung und Evolution

Eine Tagung mit Papst Benedikt XVI. in Castel Gandolfo

Dieser Band dokumentiert die aufsehenerregende Schülerkreis-Tagung, zu der Papst Benedikt XVI. im Jahr 2006 in die päpstliche Sommerresidenz Castelgandolfo über das Thema „Schöpfung und Evolution" eingeladen hat: mit den dort gehaltenen Vorträgen aus Naturwissenschaft, Philosophie und Theologie sowie der Diskussion, an der Papst Benedikt XVI. selbst durch viele Gesprächsbeiträge teilgenommen hat.

ISBN 978-3-86744-018-9
gebunden, 194 Seiten

Peter Blank

Alles Zufall?

Naive Fragen zur Evolution

Auf unterhaltsame Weise nähert sich Peter Blank, Jurist und Priester, der Evolutionstheorie. Erstaunliche und doch schlüssige Beispiele Blanks lassen Zweifel an der Gewißheit einer rein zufälligen Entwicklung aufkommen. Ohne gesicherten Erkenntnissen zu widersprechen, plädiert der Autor für mehr kritische Gelassenheit gegenüber dem Absolutheitsanspruch der Naturwissenschaft und für den selbstbewußten Gebrauch des gesunden Menschenverstandes.

ISBN 978-3-936484-73-1
kartoniert, 128 Seiten

SANKT ULRICH VERLAG

Ehrenfried Kluckert

Die geheime Sprache des Universums

Himmelsbilder und Schöpfungslehre

Wie ist der Kosmos entstanden? Ist er ein Produkt des Zufalls oder das Werk des Schöpfers? Seit 4000 Jahren beschäftigt diese Frage der Menschheit. Der Kulturwissenschaftler Ehrenfried Kluckert erläutert Mythen und Modelle zur Entstehung der Welt – von den Babyloniern bis zur modernen Naturwissenschaft – und zeigt: Auch die moderne Kosmologie arbeitet mit Bildern, die ins Mythische verweisen. Naturwissenschaft und Glaube liegen viel näher als oft angenommen.

ISBN 978-3-86744-082-0
gebunden, 256 Seiten

Scott Hahn

Mehr als ein Gefühl

Gründe für den christlichen Glauben

Warum lohnt es sich, zu glauben? Scott Hahn, selbst vor Jahren zum katholischen Glauben konvertiert, nennt gute Gründe. Als junger Mann hatte er die Erfahrung gemacht, daß seinen Mitstudenten ein mitreißender Gottesdienst und wenige einleuchtende Sätze genügten, um feste Meinungen in Glaubensfragen zu haben. Doch Scott Hahn wollte den Glaubensfragen auf den Grund gehen und fand den Weg in die katholische Kirche.
In Mehr als ein Gefühl erklärt er das „Wie und Warum" des christlichen Glaubens.

ISBN 978-3-86744-057-8
gebunden, 224 Seiten

SANKT ULRICH VERLAG